郝晓东 / 著

教师成长力

成长力

专业素养发展图谱

大夏书系·新教育实验文丛

华东师范大学出版社

ECNUP

全国百佳图书出版单位

·上海·

图书在版编目（CIP）数据

教师成长力：专业素养发展图谱 / 郝晓东著 . — 上海：华东师范
大学出版社，2022

ISBN 978-7-5760-2765-5

Ⅰ.①教⋯ Ⅱ.①郝⋯ Ⅲ.①师资培养—研究 Ⅳ.① G451.2

中国版本图书馆 CIP 数据核字（2022）第 053335 号

大夏书系·新教育实验文丛

教师成长力：专业素养发展图谱

著　　者	郝晓东
责任编辑	卢风保
责任校对	杨　坤
装帧设计	奇文云海·设计顾问

出版发行　华东师范大学出版社
社　　址　上海市中山北路 3663 号　邮编　200062
网　　址　www.ecnupress.com.cn
电　　话　021 - 60821666　行政传真　021 - 62572105
客服电话　021 - 62865537
邮购电话　021 - 62869887　地址　上海市中山北路 3663 号华东师范大学校内先锋路口
网　　店　http://hdsdcbs.tmall.com

印 刷 者　三河市龙林印务有限公司
开　　本　700×1000　16 开
插　　页　1
印　　张　17
字　　数　226 千字
版　　次　2022 年 8 月第一版
印　　次　2025 年 4 月第十三次
印　　数　42 101—45 100
书　　号　ISBN 978 - 7 - 5760 - 2765 - 5
定　　价　62.00 元

出 版 人　王　焰

（如发现本版图书有印订质量问题，请寄回本社市场部调换或电话 021-62865537 联系）

目 录

序言 一份新教育实验的行动宣言 _ 001

第一章 认知决定职业境界

在大时代的浪潮中活出生命存在感 _ 003

人与世界、他人及自我的关系 _ 008

专业教师与业余教师的四个差别 _ 012

自我何以发生改变 _ 018

人生差距是怎么拉开的 _ 021

成长的内驱力从何而来 _ 026

教师为何要提升专业性 _ 029

教师应成为演说高手 _ 036

自己点燃自己 _ 040

在历史长河中回溯教师职业的源流 _ 046

第二章 阅读滋养生命灵气

如何组织教师读书会 _ 053

教师读书会的有效运行策略 _ 062

乡村教师阅读需知的三个答案 _ 068

专业阅读的六个选择 _ 072

阅读之光照亮成长之路 _ 076

教师阅读要有专业性 _ 086

在啃读经典中获得智慧 _ 089

暑假正是读书天 _ 094

读书是"吃饭",不是"吃药" _ 097

重新理解阅读 _ 100

专业书籍读不懂,怎么办 _ 104

第三章　写作驱动专业发展

用追马的时间来种草 _ 111

一辈子学习写作 _ 118

用写作编织生命 _ 121

写作的八个要素 _ 126

写作能力源于天赋还是训练 _ 130

从每日打卡开始 _ 132

写作的微洞见 _ 136

第四章　反思促进生命觉醒

恐慌与精进：校园求学与职业嬗变之旅 _ 147

别让舒适区成为"沦陷区" _ 153

别成为学生成长的"天花板" _ 159

给大脑安装"纠错机制" _ 162

学习是手段还是目的 _ 165

提高对教育的解释力 _ 168

专业学习要少听故事 _ 171

用主动承担赢得成长机会 _ 174

第五章 管理提升专业水平

向优秀的名校长学什么 _ 179

工作要区分目标与目的 _ 183

奖赏的弊端 _ 188

提高工作效率的四种观念 _ 191

万物互联时代如何运营"学习群" _ 194

没有"功劳"谈何"苦劳" _ 200

重要的是管理自我 _ 204

改变坏习惯 _ 209

如何提升自我管理能力 _ 214

疫情常态化时代的观念转变 _ 218

第六章 榜样揭示自我镜像

一位卓越教师的成长范式 _ 225

"何刚"是怎样炼成的 _ 229

愿你从优秀迈向卓越 _ 234

以专业学习促进教育实践 _ 237

至暗时刻淬炼人生智慧 _ 241

像苏霍姆林斯基一样做校长 _ 246

出走半生,归来仍是少年 _ 251

后记 为教师成长赋能 _ 255

序 言
一份新教育实验的行动宣言

（一）

新教育人在探究教育的本质时常常爱引用一位学者如是的话："真正的教育是用一棵树去摇动另一棵树，用一朵云去推动另一朵云，用一个灵魂去唤醒另一个灵魂。"

新教育实验从一个人的念想，到燎原全国的民间教育改革运动，万千新教育教师破茧成蝶、纷彩异呈，奇崛之力也正是源于唤醒和推动。

笔者多年关注新教育实验涌动的浪潮，在写作《极目新教育》一书，采撷一朵浪花时，选取了郝晓东对同仁的一次"摇动"，那是他在网上直播《泊船瓜洲》的授课：

……研讨课开始。屏幕上的字行鱼贯跳出，挟带着情感的熏风，理性的思辨，巧妙的插言，睿智的应变，穿越古今，聚焦当下。郝晓东和天南地北的网师学员们步入京口瓜洲一水之间，于山重水复中此呼彼应，在春风明月里相濡润染，思路从布疑而至清醒，心境自诘问赢来豁朗，思维的星光烁烁闪亮，灵感的清泉汩汩流淌。两个小时不知不觉地疏忽而逝……
（《极目新教育》第 235—236 页）

由此结缘，彼此关注而至神交。2021 年夏初，他向我发出了为新网师学员视频讲话的邀请；雪落冬日，又发出了"特别期望"我能拨冗为其新作写序的诚约。在品阅《教师成长力：专业素养发展图谱》的电子书稿的惊喜中，脑海里郝晓东作为新教育实验典范教师的形象愈发丰满了起来。

（二）

心理学家阿德勒说："影响人成长的不是环境，而是人对环境的个体性理解。"郝晓东深以为然。他最初就读于一所"四流大学"，但这恰是他时时自醒的起点、不息自强的拐点。

凭借发奋与聪颖，毕业多年之后，郝晓东从高中教师岗位转赴忻州师范学院工作，可谓成功转型。然而，他没有在逆袭后"躺平"，而是将30出头的黄金岁月交给了新教育实验，以得到朱永新等学术高人的指导为最大幸运，完成人生的真正转折，因为他从中获取了"摆脱自我认知局限和环境束缚的持久动力"。

新教育人士的"摇动"，引发了郝晓东的顿悟。他挥别"舒适区"，沉潜到海南省五指山市的黎村苗寨和山西省原平市的100多个乡村，先后带领3000多名大学生实习支教。

这里的教育贫壤，正是他圆梦新教育的沃土。他八年如一日地组织读书会、构建学习型团队、创建书香班级，用阅读点亮自己、照亮他人，不求声名，更无关利益，只求一份纯粹、专注。桃李不言，下自成蹊。他的努力广受认可，他被授予忻州市教学能手、忻州市特等劳模等荣誉称号，他的事迹被《中国教师报》《教师博览》《中国教师》等报刊频频报道。

在郝晓东一再反转的命运中，理想不再是独自进取的理想，而是与一群人共燃的理想；事业也不再是个人独秀的事业，而是共融共享的事业。如此理想，在最需要之处扎根；如此事业，在最渴求的人群中起步。

郝晓东的人生轨迹，是新教育人成长进步的样本。他所坚守的理想和事业，更是新教育人的共同志业。正是在此志业的感召下，新教育实验催生出蔚为大观的创造性行动。

给人以火炬者，心必怀火种。多年知行合一淬炼了郝晓东的才干，新教育实验的舞台也推助他及时与同仁分享思想、凝结共识，此书的出版可谓厚积薄发、时势使然，更是他反哺新教育实验的力作。

（三）

这部书是郝晓东继《给青年教师的四十封信》《改变教育的十二个关键词》《未来教师》之后的第四部著作。他告诉我，此书稿一是近十年来从事师范生培养和教师专业发展研究的成果，二是从 2018 年担任新教育实验网络师范学院（以下简称"新网师"）执行院长起，每周给学员写一篇"一周观察"的合集。

"纸上得来终觉浅，绝知此事要躬行。"从书稿中，笔者看到郝晓东忙碌而充实的身影。他从山乡支教的教坛走来，从众多新教育朋友的心灵深处走来，并长期以新网师执行院长的身份，用心参加一项项新教育实验活动，细细研读学员们的生命叙事作品，从中嗅得一方方杏坛的泥土香，并全身心地与成百上千的同仁谈心。

犹如刘勰在《文心雕龙·知音》中所言："操千曲而后晓声，观千剑而后识器。"晓东就这样积累着，眼里有了一位位名师典型，面前展开一幅幅成长图谱，心中耸起一根根标杆。如此这般，基于他见微知著的邃密思维，一番番地生发出真知灼见。

这些真知灼见，有对新教育实验在课程设置、阅读写作、教师素质、专业再塑等领域发展走向的坐标定位，有对广大教师尤其对乡村教师的灵魂对话、精神把脉，有对教学管理范例的深入透视与研判。鞭辟入里的阐述，让读者思门大开，心神敞亮，共鸣着新教育的时代交响与历史涛声。

化繁为简，直指要旨。郝晓东善于将教育实践里的一个个专题，化作书稿中一篇篇答疑解惑的文章。一篇篇文章似乎信手拈来，实则是他平日调研精思的结晶，贯穿着与教育实际深度契合的教育规律。

初始看去，这些文章自成门户，各有专攻，内涵上却是纵横联结，相互支撑，皆以教师的精神成长为纲，以专业化智能发展为目。纲举目张，浑然一体；经丝纬线，密不疏漏。自有恢宏广袤之气象，充实丰盈之涵养。

掩卷而思，笔者深切感到，这部书，作者不仅仅是用笔写出来的，更是基于他所走过的风雨人生路，捧着一颗滚烫的心写出来的，借此与众多教育友人推心置腹地交流。

这是怎样一部书呢？

作者以新教育实验前沿探索的系列成果为主线，以新教育发起人、指导者朱永新的理论架构为主臬，集纳了广大新教育人的思想精华和践行果萃，并撷取了古今中外教海的吉光凤羽，提交了一份立意深远且富于操作性地提升教师成长力的行动宣言。其理念精髓如次：

——认知决定职业境界。信息时代、教育节点对教师提出了新的要求和更高挑战，教育者要活出生命的存在感，必须点燃自己，强大自己，激活内驱力。

——阅读滋养生命的底气、灵气、才气，人的阅读史即其精神发育史。深度阅读是与文本、他人、自我的三重对话，攀登"浪漫—精确—综合"三级境界，潜移默化地完成教育生命的强健发育和专业化成长。

——阅读是输入，写作是输出。阅读带动写作，写作促进阅读。写作用精准思维，编织生命之旅；写作靠兴趣入门，凭训练提升。

——以心灵彻悟，促进生命觉醒。在对教育人生的回眸里，作者发出"舒适区陷阱""警惕自己成为学生成长的'天花板'"的警报，并忠告：要给大脑安装"纠错机制"。

——管理提升专业水平是当务之急。名校长的理想管理，追求目标和目的的统一，须"知全守份""敬事以待"，做到闭环思维，运营好"学习群"，更要管理好自己。

——榜样揭示自我镜像。榜样力量给予无穷启迪：学习勇猛精进，灵魂内在觉醒，行动自觉主动，认知审辨反思；并以专业学习促进教育实践，格外留意在至暗时刻淬炼人生智慧，视一切过往，皆为序章……

该作品以叙事与说理相结合见长，在说理方法上颇具特色。

一是为诠释一种理论，破解某个命题，作者往往选取一些适切的实例，如同晨风拂面泉水润心，以佐证平添力量，又增加语感、情趣，让论述充溢想象的张力美。

如写到"作品不在于数量多，而在于质量精"时，联想到"马拉多纳、刘翔也不是常胜将军，但能成为体坛'霸主'，皆因曾创造'神话'，有经典'作品'"。又如说遇见："遇见不是见到，而是点燃；不是物理反应，而是化学反应。和氏璧对于楚王不是遇见，对于卞和才是遇见；千里马对于车夫不是遇见，对于伯乐才是遇见；俞伯牙对于常人不是遇见，对于钟子期才是遇见；加入新网师不是遇见，生命发生裂变才是遇见。"

二是为使理论深入人心，融入魂魄，作者摒弃空洞讲理，常常坦荡敞开胸怀，呈现原生态的自己，深刻解剖自身艰苦的演化蜕变，令人信服地将道理寓于个人故事之中，达到启迪他人的目的。这实为智慧。其实，说教哪如交流？交流哪如谈心？现身说法如临其境，可让人听之信之学之做之。

如他不认同妙笔华章可以一蹴而就，便拿自己的亲身经历举例："上一篇文章有2000多字，我构思了三天才动笔的，白天没有写完，晚上接着写，一直写到深夜十一二点，第二天早晨起来又一直写到中午。我的一个体会是：文章一定要修改。""写一篇文章，就像生了一个漂亮的孩子，我们总是迫不及待地想抱出去给别人看看。如果这样急于求成，哪怕是高手，也难以做到尽善尽美，何况我们是初学者。"

该作品语言晓畅、灵动、明快，读来如同与密友娓娓耳语，切切交心；笔触自然而然，说师道生，议古论今，让人觉得他似乎并无框架，毫不拘束。其实，这是作者有意识地施以教育活动，是一种高明的对话写作艺术。

作者注重思想的熔炼、语言的锤炼，常常凝练出箴言名句，使作品卓尔闪光。比如："不疯魔，不成佛。挑战自我，是生命拔节成长不能回避的必由之路。""写作水平的高低，核心是思考力的高低。""不成熟的写作者，写作是表现自己；成熟的写作者，写作是分享洞见。"……

言而总之，这是一部具有新理念、新智能、新成长故事，大有益于教师提升的佳作。

（四）

新教育实验为中国教师搭就了一个修炼自身的偌大平台。

在这个平台上，一支为新教育理想殚精竭虑，为自身修炼啄羽再造的梦之队，从四面八方汇集而来。他们以笔为锉刀，把思想磨砺得更睿智快捷；视阅读如呼吸，让思维的触角直逼卓越的朝向和崇高的担当。他们身藏灵蛇之珠，手握和氏之璧，思想论剑，践行赛马，逢山开路，遇水搭桥，云蒸霞蔚，气象万千。

本书作者郝晓东就是其中的一位代表。当他早霞般的勃发心儿，一经新教育朝阳般的辉光尽染，立即迸发出仰望星空、脚踏实地的巨大力量。他疯狂阅读，他奋力践行。特别是近年来，他跟随当代教育家朱永新教授学习哲学、教育学、心理学、管理学等，研读经典，探讨规律，把握教育真谛，领悟职业信仰，发掘课堂魅力，引领新网师学员一起勠力精进。

智慧改变命运，学习重塑人生，郝晓东的生命实验本身，就成了新教育实验人有血有肉的一本书。据此而言，人书合一，书人一体；书助人长青，人靠书常新。郝晓东的发展史即是《教师成长力：专业素养发展图谱》的形象图解。

　　是为序。

傅东缨

（当代教育家、著名教育文学家）

I

第一章

—

认知决定
职业境界

导　语

观念的贫穷比物质的贫穷更隐蔽：固化的认知偏见，单一的思维模式，非此即彼的判断；把没得选当作自由选择，本来是无法选择优秀，偏偏说成甘愿选择平凡。成年人学习的目的，应该是追求更高认知水平，而不只是更多的知识。在低认知层次，即使你增加再多的信息量，也只是低水平的重复。一种努力方式用到一定程度，边际收益就递减了，必须转用新的练习方式，做新的努力。人生是深度练习的函数，这意味着每过 5～7 年，要超越自己固有的行为模式、认知方式、思维格局和社会圈层。

在大时代的浪潮中
活出生命存在感

　　新时代背景下，我们已经深刻感受到教育形势的巨大变化、快速变革，我们也深刻感受到，似乎没有哪个时代对教育的研究如此"繁荣"——理论频出、观点争锋、学者林立，也似乎没有哪个时代对教育有这么多的困惑与纠结。

　　哪怕是对于教师群体的描述，舆论场也存在各种不同的话语。在官方的话语中，描述的是爱岗敬业、默默奉献、师德高尚、事迹感人；在学者的话语中，看到的是人格高尚、追求真理、精神独立、求知若渴；而在教师的话语中，听到的是工作繁忙、事务繁重、待遇不高、责任很多。

　　哪一种"话语"才是一线教师的真实"画像"？很难一言断定。因为大学与中学不同，中学与小学不同，小学与幼儿园不同，城市与乡村不同，南方和北方也不同。

　　探究话语所指，可以感知：官方话语既是一种表彰，也是一种号召；学者话语既是一种溯源，也是一种理想；教师话语既表达一种无奈，也饱含一种期待。

　　因此，每当教师节，我们看到舆论场中"说教师""教师说"，众说纷纭，百家争鸣，表彰和批评同在，感激和抱怨"齐飞"。

（一）

梳理各种"声音"，透过现象看本质，我们不得不重视一个可能被遗忘的重大问题：现代化、职业化、专业化、理性化在我们观念中塑造了教师的"工具化"。

从社会来说，把教师作为教育的手段，而遗忘教师作为一个人，自身也应该是目的。正如石中英教授所说："学校功利主义气息浓厚，人文主义淡薄，学校中遗忘人、歧视人、压抑人"，学校"越来越少'教育'的意味"，成为缺乏教育性的"职业预备或培训机构"。社会已经习惯把教师当作学校"工厂"中的一个"机器"，把教师当作满足家长、培养学生、成就学校的人力资源。

从教师来说，更多注重"生存"问题，忽视"存在"问题。用海德格尔的话说，即"存在者"对"存在"的遗忘。"生存"问题关涉生命外在的物质和名利，"存在"问题关涉生命内在的意义和价值。按照马斯洛"需要层次说"，生理需要、安全需要这样的低级需要就是"生存"问题，而自我实现这样的高级需要是"存在"问题。我们常常关注的是减轻负担、增加待遇、提高地位、专业发展等这样的"生存"问题，而很少认真思考"成为一名教师意味着什么""如何在教育职业中体会意义""此生之意义是什么"这类"存在"问题。

从学生来说，重视追求人生的成功，忽略提升人生的境界。关于学习的动力，教师更多强调的是考大学、找好工作、买房子与车子这类"生存"问题，而很少启发学生严肃思考"生命之意义"这类有关"存在"的问题；很难有平等真诚的交流、深刻的反思和积极的对话；很少关注学生内心的隐秘感受和真实需求；很少启发学生探究知识内在的魅力，激发对知识的好奇心；也很少带领学生走进古今中外那些伟大卓越的人物，激发学生以伟大人物为榜样的强烈愿望和持久动力。不论是教师还是学生，仿佛如蚂蚁和工蜂一样整日为"生存"问题而忙忙碌碌,但灵魂没有被更有意义的伟大事物投射、照亮,所以,孤独、无聊和空虚感这样的"现代病"阵阵袭来,挥之不去。

"生存"问题当然也关涉"存在"问题,"生存"问题是"存在"问题的基础或前提,如果连基本的"生存"问题也解决不了,谈何"存在"问题?但满足了"生存"问题并不代表自动解决"存在"问题。尼采说:"一个人知道自己为什么而活,就可以忍受任何一种生活。"对"存在"问题的思考和解答会作用于"生存"问题。与古代的人相比,当代人面临的普遍困境已经不是温饱问题,而是由"存在"问题引发的孤独、无聊、空虚和无意义感。

在一个衣食无忧的时代,幸福感却普遍缺失,这是值得深思的。

(二)

之所以要辨析"生存"问题和"存在"问题,是因为它们与教师密切相关。

比如,如果从"生存"角度来看,今天一线教师的负担的确重,应该大力呼吁减负。但如果从"存在"的角度看,就会发现,教师面临的真正的问题,不是简单的负担重,而是不合理的、与教育教学无关的负担重,合理的负担反而轻。

(1)与教育教学无关的负担过重。防疫、安全、食品、卫生、物价、创城等名目繁多的评比考核、检查验收,都需要花费时间准备材料,填写表格;不少与教育关系不大的知识竞赛、线索摸排、问卷调查、教育学习需要落实;随着智能手机的普及,各种工作群、公众号和 APP 应运而生,教师们经常被要求下载安装、注册与教育教学无关的各类 APP,关注微博、公众号,参加点赞投票、人物评选、打卡签到等事项。特别是许多不分时段的通知、公告和硬性要求让教师们疲于应付。"工作留痕"现象滋生蔓延，将工作内容拍成图片或录制视频上传至 APP、工作群等，极大地牵扯和消耗了教师的精力。

（2）真正与教育教学有关的负担却很轻。教研活动，有"活动"缺"教研"；教学交流，有"形式"缺"内容"。阅读不专业，有价值的书读不懂，读懂的书没价值，不知读什么、如何读，大多数人甚至不阅读、轻视阅读。写作不专业，大多数写作泛泛而谈、老生常谈，流于肤浅零散的感受。交往不专业，周围既没有专业发展共同体，也缺乏寻找参加的动力和自觉。不少教书几十年的老教师，仍然停留在经验层面，往往被刚登讲台的新手"打败"。从怀特海"浪漫—精确—综合"三阶段认知理论来看，只是停留在浪漫期，而没有进入精确期和综合期。

（三）

如何才能破解教师的"工具化"？

从学校来说，要认识到教师不仅是学校依赖的人力资源，也应该是学校成就的对象，学校不仅要成就学生，也应该成就教师。从教师来说，需要自我觉醒，重新思考职业，重新定义生命，重新理解人生，过一种幸福完整的教育生活。

第一，重新思考职业。

职业与我的关系是什么？职业定义人，选择什么职业，就选择什么人生，生命的本质在职业中形成。把教师职业仅仅是当作一个养家糊口的工具，还是有所追求、值得奋斗的事业，抑或是实现人生价值的志业？不同的理解，会有截然不同的心态和行动，也会有不同的未来，产生不同的意义和价值。

第二，重新定义生命。

生命的本质是什么？生命的本质是在自我与环境的反复互动中逐渐刻塑的。生命受环境影响，但绝不是完全由环境决定。对生命本质来说，不论是"环境决定论""基因决定论"，还是"童年决定论"，都是片面的，都忽略了最重要的因素——人的主观能动性。萨特说"存在先于本质"，人是在一次次选择中显现自己、定义自己和实现自己的。无论环境多么糟糕，无论处境多么艰难，人都有自主选择的权利。如果我们一味抱怨，那是选择了抱怨；如果我们随波逐流，那是选择了随波逐流；如果我们逆风飞翔，那是选择了逆风飞翔；哪怕我们不选择，也是选择了"不选择"。

第三，重新理解人生。

人生短短，为了什么？人不仅是为了"活着"，而且要"活得有意义"。如何才算"有意义"？这就涉及人生的境界。儒家强调修身、齐家、治国、平天下，要经天纬地、建功立业；道家强调无知无欲、无争无执、无为而为，见天知性，返璞归真；佛家强调去除欲望，破除心障，追求圆满。在新教育看来，要兼容儒家和道家之说，强调"为学日益，为道日损"，我们既要在求学问的路上勇猛精进、刻苦修炼，同时又要不断剔除生命中的杂质，将"成为一名真正的教师"作为自己的人生信仰，皈依教育，在三尺讲台领悟此生之意义。

人与世界、他人
及自我的关系

我用《论语》中的三句话来阐释新教育如何理解人与世界、人与他人、人与自我的关系。

这三句话是：

"学而时习之，不亦说乎？"

"有朋自远方来，不亦乐乎？"

"人不知而不愠，不亦君子乎？"

（一）

"学而时习之，不亦说乎？"

学了，然后按照一定的时间去练习它，不也高兴吗？

首先，为何而学？

一般的情况是，把知识作为工具，为"解决问题"而学，如为了上好一堂课，要学教育学；为了考出好成绩，要研究备考策略等。但在新教育来看，不仅把知识作为工具，还把知识作为目的。我们要对知识充满好奇，发掘知识这一伟大事物的魅力，哲学、心理学、教育学、诗歌、音乐、数学、物理等方面的知识，都富有内在的意义和独特的魅力。通过探究真理，掌握知识，我们得以透过纷繁复杂的表象洞悉决定事物变化的底层逻辑，让我们在教育领域有掌控感，获得专业领域的自由。

其次，学什么？

学经典。

朱光潜先生说："任何一种学问的书籍现在都可以装满一图书馆，其中真正绝对不可不读的基本著作往往不过数十部甚至于数部。"新教育就是要找到教师职业中最为根本的经典书籍，找到最切合当下教育处境中的经典书籍，让这些经典书籍成为教师的根本性书籍。里尔克说："在我所有的书中只有少数的几本是不能离身的，有两部书甚至无论我走到哪里都在我的行囊里。""请你在这两本书里体验一些时间，学你以为值得学的事物，但最重要的是你要爱它们。这种爱将为你得到千千万万的回报，并且，无论你的生活取怎样的途径，——我确信它将穿过你的成长的丝纶，在你一切经验、失望与欢悦的线索中成为最重要的一条。"里尔克的这两段话表达的就是根本性书籍的作用。我们也不妨思考，自己拥有几本奠定专业根基、一生无法离开的根本性书籍？

第三，如何学？

一个字：习！

魏智渊认为"习"有三层含义：一是反复地切磋琢磨；二是将知识运用于实践，变成解决问题的工具；三是通过不断的学习与实践，让生命处于一种空灵开放的状态，不断清空自己，破除陈见，粉碎自以为是的成就。让生命走出封闭与固化而处于生生不息的开放状态。

（二）

"有朋自远方来，不亦乐乎？"

有志同道合的朋友从远处来，不也很快乐吗？

如何才能算朋友？不是对方有利可图，能利用；也不是在一起吃吃喝喝、相互吹捧。

我们认为，"尺码相同的人"才是志同道合的朋友。

这个"尺码"是指：第一，热爱生命，为一生寻找意义，而不愿白白消磨时光，虚度岁月；第二，热爱教育，不仅仅将教师作为养家糊口的职业，还愿意作为一生钻研、成就自我的事业；第三，热爱知识，永远对知识充满好奇，能持续探究知识的内在魅力，并内化为解决现实问题的工具。

古人说："独学而无友，则孤陋而寡闻。"今天，因为便捷的网络，我们的视野得以从所在的学校、社区、城市扩展到五湖四海、天涯海角。因为尺码相同，我们不分年龄、性别、角色，从四面八方汇聚于此，组成了共同的精神家园——新网师，在这里生命有了皈依，灵魂有了安放，精神因此而充沛，专业因此而发展，这当然是一件很快乐的事。

（三）

"人不知而不愠，不亦君子乎？"

别人不了解我，我也不怨恨，这不是君子吗？

对于我们的学习啊，有的时候家人不理解，同事会嘲讽。即使对新网师，也有许多声音，比如认为有的课程"理论性强不实用""难度大不切合教师实际"等。对这些因为不了解而产生的种种杂音，我们不会生气、恼怒或者急于辩解。

我们奉行两种原则：

一是"不以物喜，不以己悲"。"我们同情地理解外界的各种声音，但不会完全被他人的眼光和评价左右，更不会轻易改变自己的初心、愿景和价值观。"（魏智渊）同时，我们也会虚心吸纳一切有价值的声音，见贤思齐，避免脱离实际、自以为是、眼高手低、孤芳自赏。我们不会因为别人礼节性的赞扬就冲昏了头脑而沾沾自喜，也不会因为别人的轻视就妄自菲薄。我们会不断释放善意与温暖，吸纳、聚拢更多"尺码相同的人"，也要避免廉价地四处兜售，或者把自己的观点强加给他人。

二是"知全守份"。所谓"知全"，就是能客观地、系统地、发展地理解这个世界，避免主观、片面、孤立、静止地看待问题。所谓"守份"，就是守土有责，对自己承担的任务和工作竭尽全力，力求做一个靠谱的人，成为一个专业型教师，而不要沦为"愤青"和"怨妇"，一味埋怨环境、埋怨他人，甚至埋怨体制，用埋怨来推卸自己的责任，遮掩自己的不足。

"学而时习之，不亦说乎？"

"有朋自远方来，不亦乐乎？"

"人不知而不愠，不亦君子乎？"

这三句话，分别代表了我对人与世界、人与他人、人与自我的关系的理解。

专业教师与业余教师的
四个差别

    体育界有专业球员与业余球员之分。我以为在教育界也有专业教师与业余教师之分。是否能成为合格的专业教师，与入职年数无关，甚至与所教的应试成绩高低也无关，专业教师的应试成绩一般不会差，且往往能超越应试，但应试成绩好的老师不一定是合格的专业教师。

    不同的职业，有不同的要求。比如你选择了空乘职业成了一名空姐，那么，在工作中就不能任性，不能随便耍脾气，即使客人态度蛮横，你也需要保持理性，和颜悦色，礼貌应对。这不是说空姐伟大，只是遵循了既定的职业规范而已。

    曾经与一些老师讨论教师的爱心。我根据弗洛姆的观点说，教师要兼具无差别、无条件、给予学生安全感的"母性之爱"和有差别、有条件、给予学生方向感的"父性之爱"，对灵魂无限关爱，对错误零度容忍。有的老师说"老师真伟大"，我说："这只是职业的要求，是一个专业教师的起码素养而已。"

    专业教师与业余教师的差别有很多。比如专业教师能大面积培养出优秀学生，而业余教师仅能把基础好的学生培养好，却很难转化后进生。专业教师情绪稳定，不容易把个人生活中的喜怒哀乐带到工作中来；业余教师则情绪不稳定，在家里心生不快，就会将负面情绪迁移到学生身上，向学生发火。遇到难题，专业教师习惯主动承担责任，冷静分析，自我反思；业余教师则习惯吐槽抱怨、推卸责任。专业教师也看重应试，但更重视育人，业余教师只关注分数而不关注育人；专业教师对所有学生公平公正，一视同仁，而业余教师则会差别对待，比如对优生偏爱而对后进生忽视，对家庭富贵的学生厚待而对家庭贫寒的孩子冷淡，等等。

除了以上差别，专业教师与业余教师的差别还体现在以下四个方面。

（一）

第一个差别：专业教师职业认同感高，他们把教师职业当作实现自身价值的手段，致力于在教书育人中获得幸福感与自由感；业余教师职业认同感低，他们只把工作当作赚取薪水、养家糊口的工具，在工作过程中经常体会到倦怠感和无力感。

专业教师把教书当作事业或者志业，业余教师把教书仅仅当作职业。专业教师的工作意义感，不只是源于公开课、职称、应试成绩，更多地从教学过程和学生的成长中获得。虽然专业教师不可能是万事顺意，但他们很少愤世嫉俗，没有消极抱怨，而是勇于承担身为教师的责任，努力在学校、教室中探寻朴素真实的教育理想。他们的生命始终燃烧着一种激情，谈起教育就高兴，说起教学就话多，提起学生就来劲，在他们的人生词典里仿佛没有"职业倦怠"这个词。他们能把许多教师看来枯燥乏味的教育生活，活出诗意。

业余教师往往不喜欢或者不太喜欢教书，只是因为没有更好的选择，加之教师职业收入稳定且有保障，所以留守在教师岗位上。他们的工作主要围绕应试、职称、待遇和荣誉，或主动或被动地接受来自学校的安排。他们在工作之余很少对教育主动钻研探究，很少主动学习，提高专业水平。遇到难题，习惯归罪于体制、环境、学生、家长等，缺乏自我反思的意识。

（二）

第二个差别：专业教师持续学习，将专业修炼视为终身之事；业余教师不喜欢学习，不愿花时间钻研探索，教书多年仍原地踏步。

在我所了解的新教育中，就有一大批专业的中小学教师，不满足生命碌碌无为的状态，不愿意"熬时间""混日子"，他们带着成长自我、追求理想教育的目的，开启新教育"三专模式"："专业阅读——站在大师的肩膀上前行；专业写作——站在自己的肩膀上攀升；专业交往——站在集体的肩膀上飞翔"（朱永新语）。他们在紧张的工作和繁忙的生活之余加入专业学习共同体，批注文章，提交作业，参与研讨，清空自我，接纳新知。他们见贤思齐，求知若渴，亲近那些能够帮助自己理解教育、理解生命、破解难题的心理学、教育学、哲学等方面的伟大书籍，探寻生命规律，探求教育真理。

专业教师拥有敏锐的教育洞察力与感知力，善于捕捉国内外最新的教育发展动态，并学以致用。你和他们交流，总能听到新的名词概念，新的领会见解。他们之所以孜孜不倦地学习，是因为他们不仅把学习当作提升专业能力的手段，更视之为自我发展、自我实现的主要路径。

业余教师则不愿学习，不喜欢阅读，更不喜欢写作。因为不喜欢，也就"没时间""没精力""没效果"。即使学，也只愿意学一些见效快的所谓"应试绝招"，一些能立竿见影解决问题的管理妙招。即使阅读，也仅仅是阅读一些教育杂志、教学刊物。在他们看来，应试就是工作的终极目标、全部目标。教书只要考出好的成绩就行了，学那么多"无用"的理论做什么？

　　　　　　　　　　　　　　　　　　　　　　教师成长力：专业素养发展图谱

（三）

第三个差别：专业教师拥有成体系的教育知识结构，而业余教师的知识结构零散、不成系统。

一个专业的教师能深刻理解哲学、心理学、教育学以及相关学科专业的根本性书籍，有比较合理的知识结构，并能不断地拓展自己的学习领域。在此过程中，逐渐形成强大的阅读能力，养成研习经典的良好习惯。分析问题时，专业教师会自动调动知识背景，运用多种理论多角度灵活解释现象，发现真问题；而业余教师则固守僵化、片面的观点，仅凭经验下论断，往往造成"误判"。

以我自己为例，在刚教书的前几年，主要精力都放在吃透教材和管理学生上，对应该具备怎样的知识结构并没有清晰认识，只是粗浅地认为要把教材教好，教好的标志就是学生能考出好的分数。教书若干年后，逐渐产生了许多无法破解的困惑：文言文可以教得有滋有味，但对散文就不知道该教什么、如何教；诗歌讲得味同嚼蜡，基本就是围绕情景交融、借景抒情等概念转圈子，对于一首诗歌好不好、为什么好、好在哪里，并不能从本质上解释清楚。后来，跟着专家学习，才真正明白以上问题的根源在于缺乏强大的知识背景和系统的知识结构。

专业的语文老师的知识结构中，语文本体性知识（如汉语、文本解读、学科实践及理论、文学作品等方面的知识）应该占50%，教育专业知识（教育学、心理学方面的知识）占30%，人类基本常识占20%。当初我不擅长教散文，文本解读不深刻，说不出一首诗好在哪里，根源是语文本体性知识欠缺。于是我系统阅读了哲学、文学鉴赏等方面的理论，阅读了《孙绍振如是解读作品》《五十年：散文与自由的一种观察》《唐宋词十七讲》《人间词话》等书，才逐渐明白应当如何鉴赏散文与诗歌。

专业教师大脑中都有一个相对合理、系统的认知结构；业余教师大脑中的知识是零散的、不系统的，分析问题时就容易陷入片面、褊狭、僵化的泥淖。我发起组织公益活动——教师读书会，与一帮志同道合的老师一起研读皮亚杰和维果茨基的认知发展理论、埃里克森的"人格发展八阶段"理论、阿德勒的自卑与超越理论等，就是为了搭建一个比较系统的理解儿童的认知结构。许多老师在学习后，逐渐能从多角度、多方面思考教育教学中的现象，对常见的现象有了新的理解与认识，从而寻找到了新的破解之道。

（四）

第四点差别：专业教师解决问题遵守科学的流程和规范，而业余教师解决问题则仅仅依赖经验，缺乏章法。

魏智渊老师曾巧妙地以种庄稼来作比喻：老农民也能种出好的庄稼，袁隆平种的庄稼收成也不一定都好，但老农民是业余的，袁隆平是专业的。为什么？袁隆平种庄稼有科学的流程和规范，是经由实验来发现规律；而老农民种庄稼依赖的是经验，是经由经验而总结方法。老农民也讲"道理"，但他的"道理"只是既往经验的总结，一旦自然环境等客观条件发生变化，固有的经验就会失去效应；而袁隆平则可以分析变化背后的原理，通过实验、对照、分析等提出应对方案。

专业教师在备课时遵循一套科学的流程和规范，这套流程和规范肯定不能有效解决所有问题，但至少能保证将失误减少到最低程度。这与打球一样，虽然业余选手也能打出好球，但因为缺乏章法，容易受内外因素的影响，发挥不稳定。而专业选手有扎实的功底和科学的规范，所以不容易受干扰，失误很少。专业语文教师能游刃有余地处理各种文本，业余语文教师面对与自己知识背景、生命气质相吻合的文体，也能上出好课，一旦换一个他不擅长的文体，且规定时间备课，就感到犯愁。

依然以备课为例。专业教师能快速启动内在的备课流程。（1）文本解读：明白文本"写了什么""如何写的""为何这样写"。（2）教材解读：确定"教什么""如何教""为何这样教"。（3）从学生角度，确定"学什么""如何学"。（4）构建课堂板块：确定每个板块的教学目标、教学内容和教学方法，以及学生学习方式。业余教师则手足无措，除了照搬教学参考书，乏善可陈。

作为曾经多年在中小学一线打拼的教师，我深知许多教师生活工作的不易和深处"小环境"中的无奈。而且，我也明白这不完全是教师的问题，而与师范院校的课程设置、培养方式有直接关系。上述分析，只是泛泛分类进行分析，而不是从道德或学术上居高临下评价。虽然现实有种种限制和不足，但人不是机械被动地被环境塑造的，人依然有选择的自由。努力成为一名专业教师，这不仅关涉到教育教学的业绩，更关涉到此生的幸福与自由。

自我何以发生改变

是什么让一个人真正发生改变？

有人说，读书可以让人改变。这句话既对，也不对。要有变化，不在于泛泛地读书，而在于读什么书，与谁一起读书。我看到有的教师参与专业学习共同体阅读，气质变化，生命成长。我也看到许多教师一直在读流行的畅销书、"快餐式"文章，不仅没有变化，反而是越来越"固化"。我原是一个高中语文教师，如果没有在十年前偶然遇到新教育，没有跟着"高人"开启啃读经典之旅，很难发生根本性的变化。和许多卓越的人物一样，美国开国元勋富兰克林在青少年期，也有一段大量啃读经典的过程，他的传记中写道："富兰克林借书阅读——不仅有沙夫茨伯和柯林斯这样同时代自由思想家的著作，还有班扬、笛福、洛克、色诺芬等人的作品，以及各种史书和宗教论争书籍——并模仿伦敦《旁观者》报上艾狄生和斯梯尔的文章以改进写作。"这一年，富兰克林仅 14 岁。

阅历能改变人。人是社会化的动物，在怎样的社会、自然环境生长，就容易被塑造成怎样的人。白岩松说："如果环境和制度是糟糕的，好人也会变成坏人。"反过来说，如果环境和制度是良好的，坏人也会变成好人。你我都是被原生家庭、父母的教养方式所塑造，被从事的职业所刻写，这也是人的宿命。同样是当教师，也会因是在乡村学校还是城市学校工作，是在校长岗位还是中层岗位上，形成不一样的精神生命。能不完全被环境塑造，能反观自我、选择自我、成为自我是人的自由，而这何其难。

习惯能改变人。仅仅靠知晓一些知识，自我是难以有根本性变化的。举个例子：我听了一场醍醐灌顶、脑洞大开的讲座。过后不久，我又在网络上查到听了一遍并作了笔记。然而，即使如此，讲座中的知识对我思维和行为的真正影响有多大？几乎没有。行为可以塑造人，但仅仅有行为还不够，行为必须达到"自动化"成为习惯，才能较少消耗意志力，让你将精力聚焦在所做之事上。比如，清晨早起阅读的行为，如果没有成为习惯，醒来后还会纠结要不要起床，这就消磨了大量的意志力，很难有精力用在阅读上。而一旦成为习惯，早晨一睁眼就自然而然起床，读书如洗脸刷牙一样自然。新网师要真正改变人、成长人，不能靠片面传授知识（今天学习知识的平台和渠道何其多），而要靠培养和改变教师的习惯，如主动学习习惯、终身学习习惯、阅读习惯、写作习惯、自我管理习惯，等等。

当然，人也不必总是想改变自我。一是因为人（尤其是成人）很难改变；二是对于正确的、认准的东西，也要有坚守的勇气。李镇西老师就说："我不希望改变世界，只希望世界别改变我。"

我们的相貌、性格、兴趣，已经被基因、原生家庭、成长环境等综合因素刻写。我们的思维、行为方式、价值观、兴趣爱好，往往在童年时被父母深深影响，甚至情绪暴躁或性情温和，也能从父母的教养方式中找到一些影子。财富可以代际传递，思维模式也是可以代际传递的。许多老师苦口婆心企图改变家长，效果如何？与其期望改变父母来改变孩子，还不如引导孩子抵御来自家庭的不良影响。《亮剑》中李云龙再如何修炼也成不了赵刚，《射雕英雄传》中郭靖再如何换环境也成不了杨康。因为，本质上他们属于两种不同类型的生命风格。

没有哪一种生命风格绝对好，也没有哪一种性格风格绝对不好，关键是看如何对待，如何利用。自卑虽然不好，但能激发超越的动力；阅读虽然好，但脱离实践也容易成为书呆子。教师尤其要克服总想改变他人的冲动。根本上，我们每个人都是"病人"，唯有以同情心、同理心去体察他人的内心，才可能真正走进内心去了解人、影响人。

只有领悟到人性的不可改变，才有可能影响人、改变人。

这种改变，也叫：成就人。

人生差距
是怎么拉开的

　　人与人相比，为什么起点相同而后期的差距越来越大？为什么有的人越来越优秀，运气越来越好？运气是先天的，还是靠努力得到的？应重庆市城口县教委邀请，我做了题为《机会泵：打好"人生牌"，走出"舒适区"》的报告，分享了我对以上三个问题的思考。

　　水泵，能把水从低处泵到高处。"机会泵"，能把人生命运从低处泵到高处。幸福的人生，就是不断创造一个个"机会泵"。

　　"机会泵"是如何产生的？有哪些关键知识？如果我们理解了"机会泵"产生的内在机理，对职业发展乃至一生命运有重要意义。

（一）

　　"机会泵"的产生一般经历三个阶段：捕捉机会，配置机会，实现机会。

　　要捕捉机会，首先是拿到入场"门票"。有些游戏，你只有拿到"门票"才有资格"玩"。比如，教育系统评选省级优秀教师是从市级优秀中选，市级优秀从县级优秀中选，县级优秀从乡级优秀中选。如果你没有被评为乡级优秀教师，就意味着没拿到"打怪升级"的门票。淮阴师范学院第一附属小学孙静老师被评为"中学高级"，相当于拿到了通往"特级"

和"正高级"的门票，如果没有拿到，无论如何优秀，也不会成为"候选人"。

从我自己的经历来说，之前在职考取硕士文凭，似乎实际意义不大，但等报考博士时，才知道硕士文凭是报考的"门票"。获得荣誉，晋升职称，提升学历，得到提拔，既是一次"机会泵"的完成，也是通往下一个"机会泵"的"门票"。

其次，积极主动，增强专业实力，塑造个人品牌。积极主动会增加幸运的概率，越积极越幸运，越消极越不幸。人生就像多米诺骨牌，要想有满地的璀璨，需要推倒第一张牌。就如"蝴蝶效应"，巨大的成就往往源于起初一次微不足道的主动。

我不擅长主动与人交往，但我非常欣赏能主动交流的人。在新网师中，有不少老师积极发言，主动请教，无形中就创造了不少机会。我很敬佩这样的人：听报告坐在前排，遇到高人主动请教，有机会就站起来提问，能放下面子，不怕被拒绝，不怕失败。

为什么要塑造个人品牌？

塑造个人品牌是为了降低他人的识别成本。就像购买手机，因为有华为品牌，我们就不需要花时间在众多型号的手机中甄别和筛选。985高校毕业，也是一种品牌。为什么大公司愿意招985高校毕业生？不是因为985高校毕业都是高材生，而是因为投来的简历太多，看不过来，所以把985高校毕业作为标准，进行第一轮筛选。教师要有意识塑造自己的专业品牌，先不说塑造如李镇西和管建刚老师那样的品牌，起码成为本校所教学科的权威。

个人品牌从哪里来？

品牌根源于实力。人生的幸福，短期看运气，长期看实力。只要有实力，自己就是平台。过去是"长者为师"，今天已经是"能者为师"。

（二）

配置机会，主要指选择，明确方向和领域。

选择比努力重要，教师职业生涯中，当你评上高级职称之后，是选择躺在原地吃老本、等退休，还是选择继续开疆拓土、勇猛精进？不同的选择，决定了不同的命运。

从小到大我一帆风顺，1998年走上工作岗位以后亦是如此。工作第五年，评上"小学高级教师"；工作第十年，又顺利评上"中学高级教师"。作为一个小学老师，职称上是到头了。老教师们都说，你就再等五年，等着工作年限符合条件时评特级吧。难道我的教学生涯就是这样吗？继续教书、写点论文发表获奖、上上公开课，然后等着评特级，这真的就是我唯一的目标了？隐隐中觉得似乎不是。如果不是，那又是什么呢？

上面是江苏省特级教师孙静十余年前的文字，那时她选择加入了新网师。

寒假进入新网师学习才惊觉，前面的十年职业生涯算是白活了。虽然有些夸大，但这就是切身感受。不论是干国祥老师对文本的解读，还是铁皮鼓和小醉他们对课堂的简化和集约，我就像是阿里巴巴洞开了四十大盗的宝库门。学点心得，就和徒弟探讨，分头在课堂上实践，效果真的好。同组的小伙子姑娘们，偷偷地挤进我们教室听课，然后研讨，再分头实践，再回来探讨问题和症结寻求对策，办公室气氛热烈得一塌糊涂。第一次，我体会到了什么叫信仰。我会跟着信仰，坚定不移！

在"在新教育海里扑腾"一年后，孙静感慨道：

2010，具有颠覆意义的一年；从2010年起，我就不再是过去的我了。

一些多年的观念、行为方式等已经荡然无存，取而代之的是一个正在蜕变的全新的我。耳边又响起陈美丽老师在年会上念的那首诗歌的结尾——"这一世，就这样偶然与你相遇，你带来欣喜，你带来痛楚，让我终其一生，像一只深海的贝壳，为一粒沙，流尽泪，直到它，成为珍珠。"

以上三段心语摘自孙静的 2010 年度生命叙事。今天回头去看孙静当初的选择，是正确的。

可能你会说，这是"事后诸葛亮"——站在今天回头去看才判断出选择的对错。站在当时，如何能保证选择的正确？

绝对正确无法做到，但可用两种方法：

一是理解世界的不确定性，避免思维的僵化；二是概率思维，避免思维的极端。

首先，今天的世界与过去相比，不确定性大大增加，今天可靠的，未来不一定可靠；今天不现实的，未来也许会变为现实。那么，在不确定性的世界中，有哪些永远不会过时的职业？有哪些永远不会过时的关键知识？有哪些永远不会过时的核心能力？这是我们在选择时的重要参考。

其次，需要用概率思维。做一件事，如果概率大，就选择；概率低，就放弃。避免用少数个例作为参考的标准。通过新网师的学习来提升专业能力，进而获得其他成就，是大概率事件；而选择躺在"功劳簿"上"守株待兔"，就是小概率事件。

其实，从十余年前来看，无论一个教师如何努力，也无法评为正高级教师，因为政策不允许。后来政策改变，对于孙静来说，机会就来了。你看，世界就是这样充满不确定性。

问题是，当机会来了之后，我们做好准备了吗？

（三）

即使争取了机会，配置了机会，但如果没有实现机会，"机会泵"也不会产生。

要实现机会，就要全力以赴完成任务，不被别人影响；做完任务立即清零，不被情绪左右；反复训练形成习惯，不被本能控制；勇于走出"舒适区"，不被惰性困扰。

回想我自己考博的历程：硕士毕业是捕捉机会——拿到报名的"门票"；决定考博，是配置机会——做出方向性的选择；备考应试，是实现机会。

在备考的煎熬阶段，不断有内外各种纷乱的杂音会让自己怀疑这种选择，会有不断的失败一次次挫伤学习积极性……

很多时候，如果没有背水一战的全力以赴，就可能在某一点止步，机会就很难实现。

（四）

从捕捉机会到配置机会，再到实现机会，算完成一次"机会泵"。这次"机会泵"的完成，又是下一次"机会泵"的"门票"。人生的幸运，就是由一次次"机会泵"的循环出现而铸就的。

在报告的末尾，我用一句话作为结束语——"希望新网师成为您人生中的'机会泵'。"

如果让新网师成为一次"机会泵"，那么，加入仅意味着拿到了"门票"，而选择一门门课程就是配置机会，全力以赴投入学习，争取课程学习过关，就是实现机会。

那么，问题来了，您现在处在哪个阶段？

成长的内驱力
从何而来

我在个人微信公众号"啃读者"上发了一篇文章，讲述了一位青年教师近一年来以强大的自律和勤勉，持之以恒每日阅读和写作的故事。许多老师留言："文章在我的内心深处发生了强烈的触动、共鸣和震撼""精神再次得到洗礼""生命再次被擦亮、点燃与唤醒""对自己的冲击力很大"……从留言中我能感受到老师们内心被强烈触动，学习积极性被重新激发。

生命由于习性和疲乏常常被损耗，从而陷入倦怠、麻木与散漫状态，情绪常常被哀怨、逃避、怯懦和无意义感裹挟。榜样是一束光，我们通过聆听榜样的故事，在内心产生共鸣和震撼，进而察觉到自身生命的沉沦与失控，于是猛然一惊，重新鼓起劲来，从谷底重新升腾，获得觉醒与自由。

但榜样的激发力是很脆弱的，随时可以停顿。如何才能在繁重的工作和琐碎的事务中源源不断获得求知的动力？如何才能在岁月的不确定性中始终保持昂首苍穹的姿态？这是教师普遍面临的问题和困惑。

我以为解决学习与成长的动力问题，有两个关键。

关键之一：从基于个人爱好的学习转变为基于教育问题的学习。

常人往往根据兴趣爱好来学习。因兴趣爱好而学虽然也是一条不错的路径，但对教师生命成长来说，这是模糊而非专业的，是感性而非理性的。反观基于教育问题的学习，目的清晰，学习的知识和能力与自我工作角色相关，固有经验不再是需要丢弃的负担而可以转化为丰富的学习资源。为了解决问题而学，有助于跳出学科中心的窠臼，学以致用，活学活用，在学习中行动，在行动中反思。这种学习行为更容易得到来自家庭、单位以及社会的正面反馈乃至赞赏，从而使学习成为一种自觉追求的行为，成为彰显自身价值、增进自我认同的"催化剂"。

我曾在农村中小学带领和指导大学生实习支教，那时我加入新网师学习，连续两年选修"语文研课""缔造完美教室"等课程，津津有味地啃读苏霍姆林斯基的《给教师的建议》、阿德勒的《儿童的人格教育》等专业书籍。这样的学习固然有兴趣的原因，但更主要的是我能用所学知识指导大学生破解教育教学中的难题，并取得了不俗的成绩，得到了当地学生、家长、学校和教育局的高度赞誉。

如果所学与所做无关，所学的知识无助于突破现实工作中的困难，那么学习也可能成为一种逃避，在文字概念中寻找虚假的安全感和虚幻的满足感。

关键之二：从个体学习转变为跨学科、跨学校的合作学习。

我在新网师给 100 多名中小学教师讲授"教育学经典导读"课程，有来自四川、江苏、上海等地的几个学员自发组织了"啃读者联盟"，在每次授课前后围绕预习作业或不懂之处对话交流，切磋探讨。这是我非常提倡的"部落化学习"：基于对知识的热爱，自发组织，合作探究。在一个虚拟的学习共同体中，来自天南地北、彼此未曾谋面的几个人以一种奇妙的部落化方式组合起来，像原始人围绕在篝火四周跳舞一样，围绕在知识周围筑造、栖居、歌唱。在这样的"学习部落"里，他们的身份是动态的，有时是导师，有时是学生，有时又是平等的合作探究者。在彼此默契合作中，生命以不可思议的方式探索着、创造着、实现着。我期待，在未来的岁月中，能有更多这样自发组成的"学习部落"：数学的，电影的，心理学的，写作的，童书的……

当学习是基于问题且以"部落化"的形式出现，教师的生命成长就不再是仅仅追求控制与效率的职业技能训练。教师不再如机器一样被固定模式"建造"，不再只是按照外在的标准而机械工作，而是宛若一棵大树，在内部力量的激发下，活泼泼地生根、发芽、开花、结果……

教师为何
要提升专业性

在我看来，专业性一般表现为专业流程、专业能力和专业态度。

坐动车回家，从动车工作人员的专业性联想到教师的专业性，动车工作人员的专业性值得中小学教师学习。

（一）

动车工作人员有专业的流程。

在动车卫生间，我看到墙壁上挂着一张《动车厕所清洁记录单》，上面规定了厕所内各个物品保洁的标准。除此之外还有三列，分别是保洁员、乘务员和列车长每个时段的保洁、检查记录和签名。保持公共场所的干净、卫生是一个大难题，清扫得少，卫生无法保持；清扫得多，保洁人员难以做到。仅靠保洁人员的道德和自觉，无法保持统一水准；依靠监督惩罚，管理成本高，容易引发人际矛盾。设置记录单就建立了一个专业流程：不管有垃圾与否，干净与否，保洁员每15分钟打扫一次，列车员每30分钟检查一次，列车长每小时检查一次。所有人只需按照流程来做，及时对照时间来记录保洁和检查结果并签名，通过公开透明的流程，不仅知道自己何时做什么、怎样做，而且知道别人何时做什么、做得怎样。试想，如果没有这张记录单，乘务员发现了垃圾，追究保洁员，保洁员说刚打扫，乘务员无法核实，便要求保洁员及时清扫，但什么是及时，什么是不及时？不同的人理解又不同，经常会引发争议和矛盾。如果让列车长、乘务员监督保洁员，又容易成为猫和老鼠的游戏，日久，双方都疲惫不堪，何况，谁又来监督乘务员和列车长？

科学严密的流程降低了对个体独特经验和特殊能力的依赖性，哪怕是一个新手，只要具备基本的素质，严格按照流程来做，就可以达到工作标准。麦当劳、喜家德水饺在全国之所以能做到同样的口味，就是依靠专业的流程，而不是依赖名厨的技艺。

学校中供教师遵守的专业流程很少。比如备课、教学、转变问题学生、与家长沟通等，教师遵循多少科学严密的流程？很少，大部分工作依赖老师个体的发挥，而不是基于学校教研的成果。有老师说，我们也有流程啊，如备、讲、批、辅、考。其实，那是粗线条的步骤，弹性很大。也有人说，教育是技术更是一门艺术，无法完全像操作机器一样，制定严格的流程。这个观点有合理的部分，但割裂了专业标准和个性创造的联系，个性创造应建立在专业标准上，就如职业篮球运动员的打球风格各不相同，但它们都是建立在对篮球技能和比赛规则的严格训练上。自由建立在纪律的基础上，没有纪律就没有真正的自由。

新教育理想课堂教学框架之所以有价值，就在于针对备课和讲课建立了一套科学而严密的流程，降低了备课和上课中的业余性和随意性，当你真正领悟这套框架，才能发挥出自己的个性风格。

设想一个教语文的年轻教师面对一篇陌生的文章，在没有教学参考书的情况下，要想讲出一节有质量的课，如何做到？

可以遵照理想课堂教学框架规定的流程：

第一步，文本解读。理解文章"写什么""如何写""为何这样写"。

第二步，教材解读。结合文本核心价值、单元教学目标、学情，确定"教什么""如何教""为何这样教"。

第三步，根据教材解读，制定 ABC 三类学习目标。

第四步，设置学生预习题。

第五步，将学习目标分到不同的课时，确定每节课的教学板块。

第六步，写出每个教学板块的学习目标、教师教学内容、教学方法和学生学习过程。

第七步，课后反思教得如何，以及其他得失。

依据这套流程，即使一个经验不足的年轻教师也能在较短时间掌握备课、讲课方法。对于成熟教师，借助这个流程，可以让工作形式化、自动化，从而为进一步探究奠定扎实基础。

我也见过个别老师，哪怕是给家长发一个通知，都缺乏专业的流程。老师在微信群里只发简单的要求，而没有说明何时完成、如何完成、完成后如何反馈等具体细节。通知一发，许多家长因困惑而提问，老师一次一次解答，有的家长看见了，有的没有看见，许多家长困惑不已，老师不胜其烦。最后，老师的语气里有了埋怨指责，家长很无辜、很受伤，滋生很多矛盾，埋下冲突隐患。

（二）

动车司机有很强的专业能力。

专业能力强与弱有一个标志：替代性。替代性越强，专业能力越低；专业能力低，职业尊严就不高。医生、律师、会计师的职业尊严高，就是因为替代性低，除非经过专业训练，一般人很难胜任。

动车司机专业能力非常高，一般人无法替代。中小学教师，尤其是小学教师替代性强，就是因为专业能力低。有人说，教师也是经过师范院校专业训练的啊。其实，师范院校的大学生只是学了不少学科知识，而针对教书育人专业能力的训练远远不够，甚至低到可以忽略不计。教师的可替代性太强了，很多非师范院校的毕业生只要经过一段时间强化背诵，记忆一些心理学和教育学知识就能获得教师资格证上岗教学生。但是，一般大学生通过背诵一些动车操作流程就能驾驶动车吗？动车司机大概率能教小学生知识，教师能驾驶动车吗？

当然，也要分清，是小学对教师的专业能力要求低，还是我们降低了小学教育的专业能力。答案是后者。其实，小学本应对教师专业能力要求更高，因为教师面对的是不成熟的儿童，教师对儿童的影响太大了。

（三）

动车乘务员的专业态度很好。

乘务员不论与什么样的乘客沟通，都是以制度为准则，平静耐心地告知或劝说，而不是遇到"不听话"甚至刁难的乘客，就训斥、辱骂或者体罚。有一次乘车，车厢里有一个年轻人一路上大喊大叫，估计是有精神疾病。几个乘务员和颜悦色安抚，劝说其换到车厢的最后一排，并专门安排了一个乘务员坐在旁边与其聊天，安抚情绪。

教师的专业态度则参差不齐，大部分教师的专业态度源于自己朴素的良知，而很少是基于专业的理性认识。教师最主要的交往对象是学生，对学生最基础、最重要的专业态度是：无条件、无差别的爱和根本的信任。

所谓无条件、无差别的爱，指教师对所有学生同样关注、关爱，充满慈悲，不会因学生的性别、相貌、家庭条件、成绩等因素而差别对待。所有的学生都能从教师那里获得安全感和尊重。所谓根本的信任，是指教师对于每个学生都有绝对的信任，哪怕学生成绩很低，表现很差，但依然坚信孩子的生命不会失败。

希望越来越多的教师能够做到。

（四）

为什么中小学教师的专业性普遍需要提高呢？

普遍性问题，一定与时代、与客观现实有关，而不仅仅是因为个体不努力。

中小学教师专业性不高与他们在师范院校接受的课程内容和大学教师的教学方法有主要关系，即与师范院校的教师教育有关。师范院校的课程设置，大多重视学科知识，忽视教师职业需要的教育学、心理学等知识，学科专业知识所占比重大；从教学实际看，很多专业课教师往往轻视教学法教师；从学生来看，也是重视学科知识，不重视教师职业需要的教育学、心理学等知识。

教育学、心理学和教学法教师固然不受重视，但自己也不争气。

方法只有在实践运用中才能真正领悟掌握。游泳技能是在游泳中学会的，驾驶技术是在驾车中学会的，教育学、心理学本应让师范生在中小学教育教学实践中领悟掌握，但大学教师往往是在课堂上传授灌输，而不是在"做中学"。结果，大学生死记硬背了一大堆只能考试但很少能实际运用的"呆滞知识"。拥有知识不等于有解决问题的智慧。

要教有所成，学有所获，从高等院校的课程设置而言，应该是"少而透彻"，但教育学、心理学课程存在多而浅的问题。学科知识在教材中系统呈现，就像中药房里用药盒子把药材分门别类、系统排列，但这些脱离创生"土壤"的知识很难真正深入学生生命，并转化为未来教育教学中的有效工具。

（五）

为什么大学教师不让学生在"做中学"呢？

一方面，师范院校与基础教育脱节严重，缺乏学生实习实践的平台，虽然现在很多师范院校加强了师范生实习实践环节，但教师的现场指导又跟不上，大部分实习学生是自己"摸着石头过河"；另一方面，教育学、心理学教师大多缺乏在中小学工作的经历和经验，对基础教育缺乏切身感受。加之，大学重视科研，轻视教学，教师把精力主要投入到申报项目、做科研、写论文中，而不是课堂教学中。

教育学、心理学学不深，如果对学科专业知识精通也行，但实际情况是，能把学科专业知识学精的学生也不多。考入师范院校的学生，很少是高中阶段的尖子生，学习习惯、学习能力都不是同龄人中最强的。大学里课程多、活动多、自由多、诱惑多，能真正沉浸到专业中心无旁骛学习的人并不多。也有学习很刻苦的，但大部分是为了考研。

综上所述，在师范院校这样的育人模式下，培养出来的职前教师基本上很难直接上岗，导致中小学许多校长埋怨"大学是怎么培养的！"其实，大部分刚入职教师也能体会到：大学里学到的很多知识在工作中似乎用不上；工作中所需要的知识和能力，大学又没有教。

依赖师范院校培养的教师只是一个"毛坯"，而不是"成品"。

针对这种弊端，教师教育界提出许多新的思路，如提高培养层次、扩大教师来源、职前职后一体化等。所谓"职前职后一体化"就是打破过去"大学学知识、工作用知识"的陈旧观念，认为职后的培训与职前培养同等重要，职前培养和职后培训统一起来，才是完整的教师专业发展。职前教师在校主要学习理论知识，职后在实践中学习并运用理论建构实践智慧，同时带着实践中的困惑，再次回归理论，研究探索，如此反复循环。现在，西方发达国家的中小学教师边在中小学授课，边在大学研究，就是这个道理。

但是当下，受陈旧观念和实际工作的影响，少有教师能够超越所教的学科和学段再回归书本、回归理论进行探究。虽然职后也有培训，但用魏智渊老师的话来说，"我们现在所谓的教师专业发展，都不好意思叫'教师专业发展'，应该叫'教师表演及应试发展'"。

师范院校培养模式造成了先天不足，入职后缺乏学习提升的自觉造成了后天不足。二者加起来，就形成了如今中小学教师专业性有待提高的现实。

教师应成为演说高手

作为以语言为主要工作手段的教师，不妨把自己培养成演说高手，努力让语言凝练、有深度和感染力。较高的演说能力，会使教师的课堂、讲座、报告更富有魅力。做演说，需想清楚三个问题：我要说什么，我是对谁说，我将如何说。此外，还要注意以下几个方面。

内容为王

教师是否对演说的内容有透彻理解，是否在分享一个真正有价值的话题，是否能够让听众刷新认知、产生"头脑风暴"？如果教师对演说的观点没有深入思考，没有切身体验，没有融会贯通，没有真正领会，那么不论态度如何诚恳，语言如何漂亮，也缺乏根本性的力量和穿透力。做一场演说或报告，一定要从标题、结构、图表、例子等方面反复打磨，预判听众对这个话题一般的理解是什么，自己在此基础上能提出什么洞见。一定要摒弃那些貌似公允、四平八稳的"正确的废话"。一场好的演说，不一定要论证全面，但一定要针对现实，廓清迷雾，纠正偏见，洞悉本质，给听众以豁然开朗的启迪。

熟悉听众

演说的本质是将自己的观点传递给听众，让其接受、认同和领会。演说其实不是单向的"说→听"模式，听众其实是以内隐的方式参与对话。要达到对话的效果，你一定要在演说前了解听众的大致情况——性别、职业、年龄、学历、困惑、需求等，据此再确定演说的目的，根据目的再选择内容和方法。所引的例子避免是听众不熟悉的，如对小学教师不要举中学的例子，对中学教师不要举小学的例子等。

制作课件

大脑喜欢声音、图片、数据、色彩，除非你能达到相声演员和说评书者的水平，否则还是要配 PPT，辅助听众的理解。要提高 PPT 制作技术，让 PPT 丰富而清晰，简洁而美观。制作 PPT 有三个忌讳：一是单张课件页面文字过多，文字密密麻麻，观众看不清，演讲者也成了 PPT "放映员"和"解说员"；二是模板陈旧，格式老套（一行大标题，下面几行文字）；三是太花哨，画面五颜六色，重点不突出，不必要的动画和声音干扰分散了听众的理解和吸收。

打磨结构

好的结构能弥补内容的不足，而不好的结构也会让好的内容逊色。结构包括主题和论证的方式。一次演说只讲一个主题，主题要单一而清晰，最好能用一个词或一句话精练概括，结构要逻辑严密，有层次。如果是讲干货，结构有：总分、分总、总分总、递进，提出问题、分析问题、解决问题，是什么、为什么、怎么样等。如果是讲故事，尽量制造冲突、对比让故事产生张力。神学大师坎贝尔提出的"英雄的旅程"就是讲故事的好结构之一：启程，离开平静舒适的环境，进入未知的领域；启蒙，获得启示，知道自己的目标和使命；考验，遇到困难和诱惑，不断努力和成长；回归，最后回到平静的生活中。

控制时间

单次演说一般控制在两个小时以内。内容再精彩，连续听两个小时也容易疲劳。如何让听众不走神而保持注意力？密度适度大一些，内容多一些，节奏稍快一些，避免冗长拖沓，听众失去新鲜感。语言要清晰、准确、精练得体，力求一语中的、一针见血。神态要自信而从容，声音要清晰而洪亮，演讲前要把音响的声音调整好，不要过高，也不要过低。不要说"准备不充分"之类的话，你本来是想谦虚，但会让听众产生不重视的感觉：你没准备好，为什么要来讲呢？

学习修炼

演说能力是需要训练的。日常不妨多看看 TED 演讲、"一席"演讲、罗振宇跨年演讲以及《我是演说家》等节目，多看看著名演讲家的演讲实录。对我而言，白岩松、柴静和乔布斯的演讲对我影响很深。写作是锻炼演说的重要方式，对锤炼演说的结构、语言有极大的作用。此外，能站着讲就不要坐着，能脱稿就不要看稿，要多用眼神、肢体与听众交流。演说中最好能把自己代入，讲自己的故事，而且这个故事最好是只能你来讲。

当然，从根本上说，演说的效果取决于思想内涵，取决于"你是谁"而不是演讲的技巧。做得精彩，才能讲得精彩；做得精彩，言语才有力量，才有说服力；做得精彩，听众才愿意听你讲，才相信你的观点。

自己点燃自己

所谓浑元形意太极掌门的马保国号称在英国无对手，不料在 40 秒内被业余拳击手击倒 3 次。赛后，眼皮黑青发肿的马保国发视频声称，自己先触到对方的鼻子，只不过点到为止，没有发力，否则对方经受不住他的打击。

真是大言不惭。看来，在有的人心中啊，自己是否被他人关注、在他人心目中是什么样子很重要，自己是什么反而不重要。

马保国是一个笑谈。

我想到的是：默默学习的你，如果因为各种原因而得不到周围人的关注、点赞和鼓励，还会一如既往坚持下去吗？

成年人持续学习的热情、动力究竟源于什么？作为一名教师，如何才能在新网师获得关注与认可？

（一）

想被他人认可、得到关注是人之本性。按照马斯洛"需要层次说"，爱与归属、得到他人尊重是人之根本需求。从教育角度考虑，每一名教师对学生也应力求做到个别对待，及时鼓励和肯定，让每一个孩子感到自己被关注、被重视、被呵护。

我深知，在新网师中，学员如果能获得他人的鼓励和认可，会增进对共同体的认同感和归属感，增强学习动力，否则，学习热情就会慢慢冷却。

我与讲师经常谈，要与学员多交流沟通，经常点评一下学员的打卡，鼓励优秀学员，发掘学习榜样。但是，我不赞成学员过度在意讲师或他人的点赞和关注。

由于多方面因素限制，即使你很优秀，很努力，做作业很认真，也未必一定能得到及时的关注和鼓励，如果特别在意，就会有失望感而削弱学习积极性。

为什么做不到呢？原因有三：

一是新网师有几千名学员，每门课程选修者都有上百人（多者高达四百人），人数越多，受到个别关注和表扬的概率就越低。

二是新网师要求高，要得到讲师的关注，成为榜样学员，需要持续写出质量高的作业，尽量多打卡，在授课时积极参与，高质量发言。

三是讲师精力不够。理想的状况是讲师能经常在线交流，阅读每位学员的打卡，批阅每位学员的作业，随时解答每位学员的疑惑。但目前还没有这个条件，新网师还做不到讲师队伍的专职化，所有讲师都有本职工作，所以他们没有精力、没有条件做到个别对待。

其实，比讲师评价更重要的是自我评价。我们之所以特别重视对中小学生的评价，是因为中小学生心智不成熟，他们是在大人的评价中来认识自我的。而作为成人的教师则不同，人生阅历比较丰富，认知层次比较高，应该有独立的自主评价能力。

"兰生幽谷，不为莫服而不芳；舟在江海，不为莫乘而不浮；君子行义，不为莫知而止休。"（《淮南子·说山训》）如果是名不副实，那么，无论他人如何夸赞，也不该沾沾自喜；如果真正研究学问且学有所得，那么，即使得不到他人的关注和点赞，也应勇猛精进。

（二）

教师持续学习的动力应该从哪儿来？

我认为来自两个方面：一是提高了教育教学能力，解决了现实中的困难；二是对知识的兴趣与好奇。

哈尔滨市于红澎校长带领希望小学的老师们积极学习《静悄悄的革命》，是因为学校推进课堂改革遇到困惑，恰好从这本书中获得启发；内蒙古杨百凌和重庆邱常培校长带领老师们持续学习，是因为专业学习能帮助学校推进新教育实验；江苏周娟老师对理论学习焕发了更高的热情，是因为她在专家答辩时，遇到的题目恰好是曾经做过的课后作业题……

回想我十年专业学习之路，亦是如此。

十年前，我在课堂教学上遭遇瓶颈，我通过选修"语文研课"提升了课堂教学水平。再后来，我到农村指导大学生实习支教，专业学习对我更是"及时雨"和"百宝箱"，帮助我解决了听评课、提高大学生教育教学技能等难题。我把新教育的理念、制度、方法复制运用于实习支教工作中，收到显著效果，得到大学生和当地教育局、校长、老师的称赞与认可。现在，我每天阅读一些微信公众号上的文章，也不是因为作者会表扬我，而是因为文章能给我带来新知，激发新的思考。

有的老师存在一种误解或困惑："我学了一学期或一年，但在工作实践中运用少，看来所学没有价值。"

为什么所学理论不能指导教育实践呢？

关键在于：投入不够，没有真正掌握。

冰冻三尺非一日之寒，滴水石穿非一日之功。新网师的课程大部分探及教育教学根源处，有一定的理论深度和难度。如果一学就能懂的话，大学里一辈子研究教育学和心理学的专家教授还有什么价值？如果一听就明白，那还用再考什么硕士、博士？

举个例子：五年前我就阅读过《精彩观念诞生于尊重与情境》一文，但当时完全读不懂，后来读了几次，也是一知半解。只因为讲师推荐，所以保存下来。后来为了讲《人是如何学习的》这本书，再次阅读，方豁然开朗。

王阳明说知行合一，"知是行之始，行是知之成"，如果无法把知识运用到实践中，不能解决问题，就说明只是知道概念而不是存在性领会。什么时候你能真正实践运用，就说明是存在性领会了。

要真正领会一个概念，需要经历怀特海所说的认知规律"浪漫—精确—综合"的反复循环，这是一个从概念到行动不断往返互动的过程。仅仅学了一学期，看了一本书，就认为价值不大，是一种误解。

（三）

学习内驱力还源于一种更深层次的原因，即对知识的兴趣和好奇。

兴趣在知识本身而不在知识之外。

美国攀岩大师亚历克斯·霍诺德，无辅助单人徒手攀登美国酋长岩，动力是什么？如果是为了通过攀岩获得名利，不值得，因为这项运动极端危险，还有什么比生命更宝贵的？生活中的亚历克斯·霍诺德不是一个好胜或寻求关注度的人，只是纯粹喜欢攀岩，痴迷于挑战极限。过度寻求关注的人，很难忍受攀岩的孤独。心不静，攀岩的危险更大。

好奇带来专注。历览古今中外成大事者，无一不具备专注的品质。

任正非就是一个范例。华为在国际和国内取得了巨大成功，但任正非却极端低调，"他不参加任何社会活动，不玩微博，不玩微信，不搞关系，不参加领奖，不问政谋政，不向任何圈子靠拢"（《华为任正非：我的精神导师是毛泽东》）。

华为能做到今天的辉煌，也是源于专注，在任正非领导下不干房地产，不涉足资本运营，30多年来只做一件事，那就是通信制造。任正非说，华为实际上是一群傻子，所谓的傻就是他们专心致志地做一件事。

如果低头稍微走了一段路，就不断抬头看有没有鲜花和掌声，就想抵达诗和远方，怎么可能？

（四）

从学员来说，如何才能在新网师获得关注与认可？

一是作业优秀，二是发言质量高，三是学习时间长。

我在微信朋友圈转发了郭文红老师的课程作业。在我印象中，这是第一次转发新网师作业。为什么转发？因为作业逻辑清晰，有血有肉，直抵本质，将近万字。

疫情期间，我经常读到郭文红老师的文章和打卡笔记，既有数量又有质量。我进一步了解才得知她是南京市名师、优秀班主任，出版专著《发现班主任智慧》。我联系她，希望她能在新网师授课。

是金子总会发光。郭文红老师就是这样被我一步步关注到的。

可能有的学员会说："自己基础薄弱，无论如何努力，也写不出优秀作业，达不到郭文红老师的水平。"其实，这是固定性思维在作怪。心理学家卡罗尔·德韦克在《终身成长》一书中，根据对能力发展的认知提出两种不同的思维模式：固定型思维和成长型思维。固定型思维模式认为，聪明才智等能力是天生的，后天无法改变。成长型思维模式认为，天赋只是起点，人的才智通过锻炼可以提高，只要努力就可以做得更好。科学研究表明，大脑的可塑性可以持续终生，我们的思维模式、才智等，永远可以通过训练塑造和培养。所以，不妨从固定型思维切换到成长型思维。

当遇到挑战时，把"我做不好这些"，换为"我现在可能做不好，但没关系，不断挑战和学习后会越来越擅长"。

当遇到困难时，把"这太复杂了，我不可能完成"，换为"只要花足够的时间和精力，一切皆有可能"。

当感到困惑时，把"这对我来说太难理解了"，换为"只要把漏掉的信息找出来，肯定能搞明白"。

当想放弃时，把"我的能力达不到，只有放弃了"，换为"问题没有方法多，此路不通，换个方法就好了"。

当否定自己的时候，把"我没有读书的天赋"，换为"只是训练不够而已，不如坚持练习一段时间看看"。

当觉得自己不够聪明时，把"别人比我聪明，我就是不如她"，换为"学习她的方法，并且认真做，我可以变得更聪明"。

（五）

点赞会带来动力，那么批评呢？

教务处通报了抄袭作业的几名学员。郭良锁老师发给我的初稿，言辞非常严厉，为了避免打消积极性，适得其反，我对公告进行了修改，特别点明：通报只是手段，督促学习才是目的。但我不知被通报的几名学员看到后如何想、如何做，其他学员又会如何想、如何做。

人到成年，思维会越来越固化，除非能自我教育，否则，很难有真正的突破。如何判断一个人是否会朝向优秀？

有两个标准：

一是看他是否能自我教育，自我校准前行的方向。

二是看他是否能自燃，自己点燃自己，充满激情。

我认为，这两点是人与人之间最本质的区别。这是我对自己的要求，也是我对每一名老师的深深期待。

在历史长河中
回溯教师职业的源流

在漫长的远古时代，并没有教师这个职业，教师职业产生于学校出现之后。"远古时代，为了部落自身的生存和发展，一些氏族首领和具有生产、生活经验的长者，开始把生产知识、生活经验，特别是风俗习惯、行为准则，有意识地传播给年轻一代，他们就成了最早的兼职教师。"（《从职业走向专业：世界教师职业发展的必然趋势》）

商周时期，国家出现，君主对外要拓展疆土，守卫国土，对内要平暴戡乱，守护权力，军队的力量越来越需要加强。国家开始选拔一些贵族子弟，委派军队高级军官来培养，教授射箭、驾驭等军事技能，这就形成了学校的雏形。

这些高级军官被称为"师"。为何称"师"？

因为"师"的本义与军队有关，既指军队驻扎，也是军队编制单位（二千五百人为一个师）。由于"教"是传授军事技能的主要手段，培养的人才为军队服务，所以，便逐渐把"教"和"师"合起来，成为"教师"。今天以"师"为姓的人，其祖先一般就是这些传授军事技能的军官。

教贵族子弟的军官称"师"，教君王和诸侯的孩子的老师称"傅"。为什么称"傅"呢？因为"尃"，意为"培育奇花异草"，君王的孩子类似"奇花异草"。所以，"人"与"尃"联合起来的"傅"，表示"传授知识的人"。如果教的是太子，就称"太傅"，是传授帝王之道的老师。能教王子当然是荣耀之事，他们的后代就以"傅"为姓。

师，授术；傅，授道。老百姓则没有那么好的条件，往往是传授技能、知识的"师"与传授品德、进行道德教育的"傅"由一人承担，所以在民间就一并称为"师傅"。大部分老百姓请不起，也请不到老师，只能自己为师教育孩子，所以古语称："子不教，父之过。"

教授军事技能固然重要，但培养出的人勇猛有余，文雅不够。"质胜文则野，文胜质则史。文质彬彬，然后君子。"于是又在学习内容中加入了"乐"，教师中才逐渐有了文人。到了春秋战国时期，孔子把学校的教学内容归纳为"六艺"——礼、乐、射、御、书、数，以君子为培养目标。

西周时期，出现了专门的学校，分为国学和乡学。国学中的教师，由京城大官兼任，乡学中的教师由地方官吏兼任。

春秋战国，上层建筑发生激变，王权衰落，礼崩乐坏。社会变革打破了贵族垄断教育的局面，秘藏于官府的典籍文物散失民间。破落奴隶主贵族及掌握了一定文化知识的人员流落到社会下层，成为私学的教师。这时，既有官吏兼任或辞官还乡专任教师，也有名儒大师不愿出仕，退而授徒，还有清贫文人充任乡间塾师、书师。"诸子蜂起，私学遍及各地。教书不仅是谋生的手段，也是'成一家之言'的方式，由此形成了我国学术思想文化发展史上百家争鸣的繁荣局面。"（《中国古代教师职业地位的历史演变》）

蒋纯焦认为，整体上，汉代以前，教书只是读书人的副业。读书人或出而为仕，或退而耕种，并不以教书为主要谋生工具。

到了汉朝，董仲舒提出"罢黜百家，独尊儒术"。刘建国说："儒家把教师地位抬得很高，称为'礼之三本'，把师与君相提并论：天地君亲师。汉朝在长安设太学，可容万人，由博士任教师。"当时的老师主要教授儒家知识，经过考试合格的学生便可直接做官。从此，有了专职教师，称

"博士""祭酒""助教"等。

在农耕社会，教师的主要职责可以用韩愈的话概括：传道、授业、解惑。传道，就是传授儒家的道统，即孔孟之道；授业，传递高深学术，主要是儒家经学；解惑，即通过言传身教和启发点拨，解答学生疑惑。

古时候，书籍稀少，大多被官员和地主等贵族拥有，老百姓的孩子缺乏受教育的机会，文化层次低，文盲很多。教师在当时就成了知识的代言人，是名副其实的高知群体。能够当教师的人，不论是才学还是德行都可为学生的楷模，学高为师，身正为范，所以今天把培养老师的学校称"师范"。

他们除了上课传授知识，培养人才，还承担一定的社会任务。如主持订立善规、族训和乡约，宣传孝敬父母、和睦家庭、友善邻里、救难救急等道德观念，以化民导俗。蒋纯焦说："古代底层劳苦大众一般没有多少文化知识，经济能力也有限，一旦发生纠纷打起官司来，劳神费财，对当事人双方都不利。"于是，有矛盾纠纷时，就会找教师来断案调解。教师还与乡绅一道，赈灾济贫、修桥铺路、扶助孤老，为平民百姓提供弥足珍贵的人道主义帮助。

古代的教师不把从事教育工作当作普通的谋生手段，而是承担着文化传承、培育英才和国家治理等多重使命，所以，教师广受大众尊重，有很高的人格、职业尊严和社会地位。

但传统教育不重视教学方法，蒋纯焦认为原因有二：一是认为身教重于言传，通过自身的榜样示范，潜移默化影响学生。孔子说："天何言哉？四时行焉，百物生焉，天何言哉？"老子干脆提出行不言之教。二是认为自学重于受教，"不愤不启，不悱不发"，强调学生自学、自修、自悟，教师则释疑、解惑，学生自学到一定程度，教师才加以点拨。

工业革命开始后，科技迅猛发展，工厂大量出现，社会急需要大批有一定文化基础、掌握专业技能的产业工人，农耕时代学校模式培养的人才数量和质量都难以满足工业社会的需求。过去只有贵族的子弟才有机会上学，现在普通百姓的孩子也大批进入学校学习。学生扩招，学校增加，社会急需大量教师。专门培养教师的师范学校出现了。教师从此成了与医生、会计、律师一样的专门职业。

从农业时代进入工业时代，教师的角色和职责也发生了较大变革。

农业时代的教师大多阅历丰富、博学多才、德高望重，有自发的使命感，真正喜欢教书。工业时代，很多年轻人并不是因为喜欢教师职业，而是为谋得一份稳定工作，为养家糊口才选择了教师行业。他们从小在校园学习，毕业后在校园工作，除了教书很少参与社会事务，所教的知识也大部分来自书本，很少是从自身的实践和阅历中获得，虽然教授知识，但自身不一定真正热爱知识。陶行知曾对此评论说："现在的人叫在学校里做先生的为教员，叫他所做的事体为教书，叫他所用的法子为教授法，好像先生是专门教学生些书本知识的人。"

工业时代，教师重视传授知识和能力培养，但忽视育人，直接的表现就是片面追求升学率，直至演化为考什么教什么的应试教育。教师重视教育方法但忽视自身表率，师德也开始滑坡，甚至令人大跌眼镜，加之教师的待遇也不高，所以，教师的社会地位和职业尊严大大降低。

许多人以教师为职业，但并不真正认同这个职业；每天传授知识，但不真正理解和喜欢所教知识。他们本来是为人生幸福而选择了教师职业，但反过来因为选择教师职业而带来挥之不去的烦恼。工作与生命割裂，知识与社会割裂，人被异化，这也是教师职业倦怠的根源。

社会从工业时代进入信息时代，新科技革命以电子信息业的突破与迅猛发展为标志，新技术正在从根本上改变人类的社会经济生活，也对教师提出了新的要求和更高的挑战。

一是打破了教师作为知识代言人的权威角色。过去，教师是知识的代言人，是学生通往知识彼岸的唯一桥梁。而现在，随着互联网信息技术的发展和电脑、手机的普及，学生获得知识的渠道多元化、快捷化，教师在学生眼里不再神秘。

二是提高了教书育人要求。过去，教师主要是传授基本知识和基本能力，现在社会更需要教师能培养学生的学习能力、发现和解决问题的能力、创新能力。教师也不能只关注发展学生的智力，还需要关注学生的心理、道德、情感等人格养成。在教学方法上，不能简单地"填鸭式"灌输，需要发掘知识创生之初的魅力，"复活"知识，要尊重儿童的原有认知，在此基础上建构学生的认知。

三是增强了终身学习的紧迫性。农耕与工业时代，知识数量不多，知识迭代很慢。信息时代，知识真正大爆炸，知识的迭代越来越快，新媒介、新知识、新领域层出不穷，翻转课堂、慕课、在线教学等新模式眼花缭乱，知识建构、生命教育、情感教育等新理念不断涌现。过去教师要有"一桶水"的观念已经远远不够，需要不断学习有"源头活水"方可适应。更主要的是，教师需要不断学习，寻找职业和人生的意义，抵御职业倦怠和虚无的侵蚀。

四是改变了学习的来源和场景。过去，教师往往是个体独自学习。今天，需要增强专业交往，融入学习共同体，与外界多互动和链接；需要从经验学习转变为专业学习，学习专业阅读和专业写作。

历史大江滚滚奔流，每个时代有每个时代的特色，每个人有每个人的宿命。时代的特征定义了教育的方向和目的，也定义了教师的角色与职责。

不要让自我的偏见和陈旧的观念束缚我们自身，以创造的方式来赢得职业尊严和人生幸福，是每个教师永远拥有的自由。

教育与时代、社会经济发展密切相关，教育现象很大程度上是时代大发展、大问题在教育领域的折射。当前中国社会还处于持续转型发展中，现代化、智能化、城市化已经是不可逆转的大潮流、大趋势，高质量教育体系建设是未来朝向的目标，教育公平是国家和社会持续关注的焦点。

II

第二章

一

阅读滋养
生命灵气

导　语

阅读是滋润教师生活的营养剂，是促进教师成长的助推剂。教师要为克服职业倦怠而读，己立立人，己达达人，教师只有成为一个热爱生活、热爱教育、乐观向上、积极进取的人，才能担负起立德树人的使命。教师要为培养健康人格而读，除了提升学业成绩，更需要学习教育学、心理学知识，理解儿童内心世界，掌握儿童身心发展规律。教师专业阅读区别于大众生活中的消遣性阅读，是指以知性阅读的方法研读教师专业所需要的根本性书籍，旨在构建一个知识结构合宜的大脑。知性阅读是指通过对书籍的批注、梳理、批判，领会并内化知识的过程。教师宜多读一些经过岁月过滤而沉淀下来的根本性书籍，而不是一味读畅销书；要啃读一些非专业人员不读的理论书籍，而不是只读愉悦自己的教育散文、教育随笔。

如何组织教师读书会

　　曾应邀到一所高中为全校教师做了一场关于教师阅读的报告，并与部分老师就如何组织读书会进行深入对话。校长非常有教育情怀和责任心，对教师阅读高度重视，准备组织教师读书会推动教师读书，但又有许多困惑和忧虑。这种忧虑是有道理的，因为我见过太多教师读书会，一开始轰轰烈烈，但慢慢地虎头蛇尾，逐渐萧条冷冷，门可罗雀，组织者埋怨大家不积极，参与者埋怨读书没价值，最终校长也认为读书会"华而不实"，没有产生预期效果，最终心灰意冷，关停了之。

　　那么，如何才能有效运行教师读书会？有没有可复制的经验呢？下面谈谈我的看法。

　　教师读书会的意义和价值属于本体论，如何组织教师读书会属于方法论，如何理解教师读书会属于认识论。

读书会的本体论

　　教师读书会的本质是专业学习共同体。

　　为何需要读书会？因为人仅仅依靠自己的认知很难突破原有经验的束缚，这就需要与文本对话、与他人对话以及与世界对话，从而多元思考、反思经验、扩大视野、升级认知，教师读书会这样的共同体就提供了专业对话的机会。教师通过参加读书会阅读专业书籍、啃读经典，就是借助共同体的力量，与高人交流，与人类历史上伟大的头脑对话，聆听先哲声音，"判天地之美，析万物之理"。教师通过参加读书会，还能以书为媒，与书友深度对话，进而反思固定思维，激活固有经验，碰撞思维火花，建立深度信任。

读书会的认识论

教师读书会的组织者首先要明确两种认识：

第一，你要改变的是你自己，而不是教师。

管理中常有这样一种现象：要做成一件事，以为出台一个制度，教师就应该认同并执行，如果不按照自己的设想和意图来做，就会失落、埋怨，甚至指责、怨恨。问题是，其他人为什么就应该一定按照我们的意图执行？我们的想法和做法是不是就一定无可挑剔？回头想一想，我们对其他人的想法是不是完全认同？我们做不到的事为什么一定强求其他人做到？

这并不是说教师不需要改变，只不过需要通过改变自己来影响教师，引发教师的变化，而不是一味用言语来改变他人。行为受环境影响，什么样的环境孕育什么样的行为。如果把教师比作一粒种子，组织者就是环境，是阳光、肥料、雨水，环境适宜时，种子自然会萌芽、开花、结果。当教师没有读书积极性时，组织者不必一味指责或者强制，不妨倾听了解一下教师真实的声音和面临的困惑；协调时间，减少教师的形式性事务，反复斟酌共读书籍；花费精力认真备课，提出有价值的思考题，不断发起小型的讨论来预热，努力让每次共读成为"高峰涌现"时刻，让参与者有豁然开朗、拨云见日的顿悟之感。

行而不得，反求诸己。之所以要首先改变自己，不是教师无可挑剔，而是因为我们有很多想法还不成熟、不全面，有许多做法是落伍的，需要通过持续学习来升级认知，改进行动。一句话，通过改变自己来改变他人。从这个角度而言，要感谢批评者，是这些刺耳的声音让我们保持了清醒而不至于跑偏还不自知；要感谢困难，我们正是在解决困难的过程中砥砺心智，增进智慧，生命成长。

第二，教师没问题，教师读书中遇到的问题才是问题。

读书会在发展中会遭遇很多问题：教师们读不懂书籍，不遵守规则；讨论中经常跑题，对同一问题的理解莫衷一是；感觉不实用；抱怨没意思；以辅导孩子、招待客人等理由不参加。有的觉得读得快，有的觉得读得慢；有的认为读得深，有的认为读得浅。还有的是家人不理解，不支持。面对这些问题，组织者通常会认为：教师不积极，没有读书习惯，缺乏读书兴趣，没有高远追求，太急功近利，尺码不相同等。

这种认识有一点道理，但这些理解充满了对人的否定，很容易引发他人的逆反心理，比如：就你那水平，还来指导我？我不读书，照样能教出好成绩。工作已经很累了，还要侵占我的休息时间。阅读是语文教师的事，与我们有什么关系？

反过来看，如果教师都有阅读习惯，都喜欢阅读，会阅读，还用组织读书会吗？

其实，大多数教师还是充满对于高品质知识的渴求的，有不甘于现状的冲动，有进一步成长的内在渴求，有探求未知的好奇。停留在舒适区，好逸恶劳，贪图享受，是人的本性；走出舒适区，挑战自我，探索未知，也是人的本性。所以，我们最好不要聚焦于人，而应聚焦教师遭遇的问题。

教师在阅读中会遇到许多问题：不清晰阅读的目的，不明白如何选择书，不知道正确的阅读方法，没有真正理解阅读的作用，不善于规划时间，不懂得生涯设计，不领会在共同体中对话的价值，更多的时候内心浮躁，静不下来，安妥不好自己的灵魂……

面对读书会遭遇的问题，合宜的反应应该是：教师们在阅读中遭遇到了难以解决的问题，我应该如何帮助指导？组织者应该针对这些问题耐心解答，详细示范，及时沟通，并提出切实可行的指导措施；发掘阅读榜样，聚焦榜样，呈现榜样，发挥榜样的带动和示范作用；破除教师认知中的偏见乃至傲慢，不断鼓励、引导；最好是能现身说法，用自己切身的阅读体验来激励大家……

很多时候，一旦回到事情本身来探讨和分析，就会冷静下来，教师们的内心就会被触动，开始关照自己，深刻反思。这个过程往往是隐性而潜在的，但也是最有力量的。

读书会的方法论

作为组织者，发起读书会后，往往会遭遇这样的尴尬：心目中每次共读应该"群贤毕至""少长咸集"，而实际情况是当一开始的新鲜感过去之后，来参加者或多或少，甚至逐渐减少。各种请假的理由层出不穷：招待客人，照顾孩子，身体不舒服等。

你不要认为这些理由全部是真实的，除了少数情况属实，大部分是借口，是"真实的谎言"。因为想做的事，总有时间；不想做的事，总有借口。

面对如此尴尬局面，组织者该如何办？

办法有三：第一，不断解释；第二，持续跟进；第三，及时反馈。

（1）不断解释：廓清认知误区。

为什么需要解释？

因为影响行为的不是事实，而是对事实的个体性理解。每个人大脑中有许多未经省察的偏见、误解和错误观念，它们深深地影响了人的选择。

比如：

我读不懂有难度的书。（反思过阅读的方法吗？）

理论太抽象没有用。（是学不懂理论不会用，还是理论无用？）

阅读后效果不明显。（读完等于读懂吗？投入的时间够吗？）

我不喜欢阅读。（是你天生不喜欢，还是后天因为没有遇到优秀老师等因素造成了不喜欢？）

我太忙了，顾不上读书。（是因为忙而顾不上阅读，还是由于读书少而造成的忙？）

我不读书也能教出好的成绩，还需要读书？（是你教得好，还是学生本来就好？应试是教育的全部意义吗？）

许多中小学一线教师在阅读书籍选择上，偏向于方法而不是原理，偏向于兴趣而不是需要；在阅读方法上，偏向于泛读而不是精读，喜欢听他人解读，忽视自己的啃读；在阅读效果上，容易急功近利而不是放在一个较长的时间段来衡量。

类似未经省察的误解和偏见有很多，组织者如果不及时澄清和解释，就会影响参与者的主动性和积极性。

我曾经组织过一个有大学、中小学的教师参加的常春藤读书会。在讨论应该共读什么书时，有一种观点认为：应该征求参加者的意见，选择大家能读懂、比较感兴趣的书。

这样的认识不是没有道理，读什么书，的确应该了解参加者的意见，但了解什么，是有讲究的。应该主要了解大家的困惑，而不是读什么书。这就如医生一样，开什么药，一定要咨询病人，但咨询的是病情，而不是问病人：你想吃什么药？

为此，我做了专门的解释。首先，读书会的宗旨是发展人，而不是片面迎合人。要发展人就不能一味读喜欢读的书、能读懂的书，而应该阅读一些自己不愿意读、不容易读懂的书。其次，谁更深刻理解阅读需求？相比之下，专家的建议更有价值，因为专家的视野更广阔，积累更丰富，理解更深刻。常人囿于经验和认知局限，往往很难真正洞察困境的症结和解决之道，不了解自己真实的需求。这就如在诺基亚手机盛行的时代，要制造最适合用户的手机，你是征求用户的建议还是征求乔布斯的建议？显然，要征求乔布斯的意见，因为乔布斯比用户更理解真实需求。

所以，组织者要密切关注读书会发展过程中出现的问题，通过言语或者文章不断解释，廓清认知迷雾。

（2）持续跟进：请让我来帮助你。

靠一味讲道理来改变人的行为效果很差，哪怕"心灵鸡汤"好喝，也不能常喝。要让大家喜欢阅读，认同阅读，需要组织者全身心卷入阅读之中，给读书者以持续的协助和指导。

在确定共读书目后，组织者要及早"备课"：提前阅读、查阅资料、详细批注、将文本结构化等，最终达到合上书本也了然于胸，心有"全牛"。

正如拍摄综艺节目，导演要提前让观众"预热""暖场"，组织读书也需要"预热"。每次共读前，提前下发经过深思熟虑的预习题，让参加者提前阅读，认真答题，按时提交。鼓励大家随时将阅读中的心得和不明白处发到读书会群中，引发小型讨论。对发出来的疑问要及时回答，如果回答不了，就鼓励其他人来作答。共读前，对收回来的预习作业认真批阅，起码要通读一遍，评分并总结作业中的得失。这些"预热"就为共读讨论奠定了充分的基础。

对读书会群中与阅读无关的内容，如广告、拉票、鸡汤、段子等要及时制止，对闲聊、表情包等没有实质意义的寒暄客套要及时提醒，确保大家将主要时间和精力花在读书上。

"独学而无友，则孤陋而寡闻。"一个学习共同体中，最怕各自分割，彼此不了解、不呈现，所以，沟通和呈现非常重要。组织者可以通过阅读打卡，让大家彼此分享阅读心得，记录阅读历程，在潜移默化的分享中彰显榜样，相互影响，凝聚共识。

每次阅读过程中，尽量让每个人都能发言，努力促成真正的对话，在对话中碰撞思维，创造火花。但也要洞悉发言的质量，及时制止无效发言和跑题发言。要让认真阅读过的人多发言，没有阅读过的少发言甚至不发言。

对于几次没有来参加的教师，不妨主动联系问问原因；对于犹豫不决的教师，及时沟通，做做工作；对于来凑热闹的教师，及时提醒沉潜书中；对于感到读不懂的教师，多指导一些方法。

生命需要不断激发和点燃，生活需要仪式感。读书会可以隔一段时间创造一个意外或惊喜。比如组织一次沙龙，在轻松愉悦的环境中，大家相互沟通，分享智慧，增进了解；邀请专家学者做一次学术报告，掀起头脑风暴，刷新认知。还可以组织郊游、演讲、读书叙事、年会、评选典型、外出交流等。

（3）及时反馈：为闪光的生命点赞。

生命需要激励。

喜欢被赞赏、被认可、被表扬是人的天性，大人和小孩都如此。我们一般总以为做对了、做得好是理所当然，视而不见，很少鼓励和表扬。我们的视线常常是聚焦于做得不好的人身上，不断批评，甚至指责、抱怨。

这个习惯要改变。

读书会组织者要对读书积极者旗帜鲜明地表扬，对有进步者及时点赞。一段精彩发言、一则深刻评论、一篇详细的笔记等细微的闪光点都需要激励。能按时参加、克服困难出席、协助布置读书会会场的行为等，都需要肯定。

激励就是力量，激励塑造榜样。一个学习共同体就要不断塑造榜样，言说榜样，让榜样带动榜样，带动更多的人。

在组织新网师的学习中，我习惯通过书写文字，不断表扬鼓励优秀者。我会花许多精力阅读课程打卡、课程综述和学员的文章，发现闪光点，发掘优秀者，每次写"一周观察"时，点名表扬优秀学员，甚至专门为优秀学员写一篇文章，集中剖析榜样的事迹以及背后的故事。新网师年终组织生命叙事评选，为榜样学员赠书，邀请榜样学员免费参加培训等，都是反馈激励的手段。

以上谈了组织读书会的三种方法。其实，要做好这些，组织者也需要对自己做好解释、跟进和反馈。

首先，给自己一个解释：

我为何要这样做？

如果领导不支持还做不做？

如果没有补助津贴还做不做？

组织读书会是额外的工作还是自我"进化"的一种方法？

组织读书会是外在工作的要求，还是自我成长的需求？

组织读书会对自己的意义是什么？为了完成领导交代的工作？为了外在的名利？为了自我的成长？或者仅仅是一种兴趣？

很多事情不一定非此即彼，但本质处究竟要追求什么，这必须清晰，也就是不忘"初心"。读书会在民间比在学校做得好，就是因为民间的发起者主要是基于兴趣，是内在需求，而学校的组织者很多是基于领导安排，是因为外在要求。

其次，要让他人跟进，自己要先跟进；要让他人坚持，自己要先坚持，先学习。读书会办不好，主要原因不是困难多，而是组织者放弃了。

再次，不断给自己一些反馈和激励，比如不定期外出讲座、文章发表。当然，作为教师，最大的奖赏和激励是教室里学生的成长。你要通过组织读书会让自己有收获，有创造，有成长，最终有获得感、成就感和幸福感。

当我们免除了生存的恐惧，我们的生命应该绽放光华，把生命"浪费"在最美好的事物上。对我而言，读书，尤其是与朋友们一起读书，就是最美好的事。

我十多年组织读书会，最深的体会是：

如何让世界变得更美丽？你自己先变得美丽。

如何组织好读书会？你因组织读书会而丰盈、成长和幸福。

归根到底一句话：己立立人，己达达人。

教师读书会的
有效运行策略

我的专业成长得益于教师读书会的引领和熏陶。从 2009 年开始参加教师读书会，后来又组织大学生和在职教师以读书会的形式进行专业学习。十多年来，我见证了一些读书会组织得生机勃勃、风生水起，涌现出一大批优秀教师，也见过不少读书会虎头蛇尾，直至门可罗雀、偃旗息鼓。那么，读书会办不好的原因是什么呢？如何才能组织好读书会？

读书会办不好的十大原因

读书会的本质是专业学习共同体，许多教师读书会开展得不好往往与以下十种因素有关：

一是读书会的愿景和目标不清晰，缺乏长期规划，混淆专业阅读与消遣阅读，在选择共读书目上缺乏专业性；二是校长没有真正支持，读书会缺乏场地、时间的支持与协调；三是缺乏高水平的学术领头人，读书会成员彼此的思维"同质"，对话讨论犹如"萝卜汤熬萝卜"，熬来熬去，一个味道；四是缺乏稳定的骨干成员；五是没选对书，要么太深奥读不懂，要么太浅显激发不起求知欲望，要么所读内容无法与实践打通；六是急于求成，把读书当作"吃药"，期待产生立竿见影的效果；七是缺乏明晰的规则，过度强调自由，导致一盘散沙；八是过度依赖外在的制度约束或者行政推动，没有形成主动自觉的文化；九是知行分离，为读而读，为消遣而读，读书没有转化为教育教学的生产力；十是没坚持，面对困难不是积极寻找对策，而是退缩放弃。

办好读书会的十个要素

要组织读书会，首要的（也是最重要的）是读书会发起者要问自己：我为什么要组织读书？我是否有足够的心理准备，并为之付出努力？我是否有强烈的愿望和决心来做一件事？我是认真的还是一时兴起、图个新鲜？

组织读书会看似理想、浪漫，但真正要做好、产生效果，困难很多，颇为不易，而最关键的还是信心与决心。如果这几点没有想清楚，就容易虎头蛇尾，畏难退缩。除此之外，以下十个要素，非常重要。

（1）校长支持是前提。要在学校组织教师读书会，没有校长的支持很难开展和长久。校长的支持表现为五个方面：一是提供雅静、合宜的场所；二是动员鼓励教师参加；三是提供必要的经费；四是协调安排课程、会议等，保证读书时间；五是亲自参加，行动就是姿态，出席就是支持。

（2）学术主持人是核心，骨干人员是关键。如果把读书会比作一棵大树，学术主持人是树干，骨干人员是树枝，其他人员是树叶。学术主持人的知识底蕴和学术水准要高于读书会教师的平均水平，而且被读书会的教师们认可，这样他就能在共读中带领大家的认知"飞起来"。除此之外，学术主持人还要有积极性和责任心长期参加共读。读书会要有若干骨干人员，他们对于阅读发自内心地喜欢，除非特殊情况，都能保证参加，而且有热心和责任心，积极参与读书会的组织工作。

（3）场地、时间和设备是保障。读书会的场所尽量不要选择在教室或会议室，最好设在一个舒适、幽静、雅致的空间，让大家来此感受到休闲甚至享受，有身心愉悦的感觉。每次共读建议 2 ～ 3 小时。超过 3 小时，时间太长，参与者会感觉疲劳；不足 2 小时，时间太短，又无法使阅读、思考和对话充分展开。读书会的场所要备有热水壶、纸杯、茶叶、咖啡，以便参加者饮用，要有投影仪和白板，准备录音笔或手机，方便将录音整理成文字。更重要的是确保人手一本共读的书。

（4）规则要明晰。没有规矩，不成方圆。读书会当然要充分发扬民主和自由，但是没有规则的自由容易使读书会成为"乌合之众"。我发起的常春藤读书会拟定了章程来规范共读，比如一年中的线下共读活动半数没有参加、两次未提交自我阅读叙事、日常未展示阅读批注，同时满足上面三种情况者，将取消共读资格，请出共读群。共读频率建议每周或每半月一次。间隔太短，影响正常工作和生活；间隔太长，淡化阅读的效果。共读前一周（或半月）发布共读公告，布置预习题。预习非常重要，共读的水平、对话的质量主要取决于预习的质量。

（5）现场朗读非常重要。共读时，由朗读水平高者朗读，或者参与人轮流朗读。朗读其实不是简单地阅读，而是一种演绎、一种解释。有的读书会省却朗读程序直接开始讨论，我不赞成这种方式。原因一是参与者水平再高，大多数也不如经典书分析得透彻，不如老老实实读懂经典书；二是大量实践证明，许多教师缺乏提前预习的习惯，如果没有现场的朗读，对话就缺乏共同的知识背景，常常跑题，甚至只是把文本作为讨论自我意见的话题或引子。朗读完一章，开始讨论和对话。讨论和对话提倡自由发言，但对跑题或无效发言要及时提醒或中断。讨论完毕，学术主持人要做一个总结梳理，凸显共读主题，廓清认识误区，点评对话质量，布置下一次阅读内容，让参与者总能有新的启迪和收获。

（6）人数要适中。读书会最佳的人数是 5 ～ 25 人。不足 5 人，共读缺少气氛；超过 25 人，就很难保证每一个参与者充分对话。组织者要把探求真理当作核心目的，不要把参与者数量当成重要目标，不必为人数多寡患得患失。过度关注甚至焦虑他人参加与否，就容易丧失阅读和探求的自由。

（7）整理文字实录。之所以要整理成文字，一是将思维的火花固化下来，二是方便因有事而未参加者学习。现在，手机软件功能非常强大，在整理文字实录时，可以通过微信或讯飞软件语音输入。做文字实录虽然有一定工作量，但整理是二次学习，是学习内化的契机。在我组织的读书会中，每次都有人抢着整理实录。

（8）活动和庆典是点缀。不断有创新，参与者就有新鲜感。读书会可以适当举办一些活动、庆典等，增加仪式感，提高读书会的品位，激发参加者的兴趣。比如在年终举办朴素而隆重的年会，表彰年度阅读人物、年度读书榜样等；在春夏组织会员集体郊游，户外阅读；邀请专家学者做专题讲座或报告等。

（9）读写结合是要点。阅读要和写作结合起来。写作是思维的"体操"，书写才是思考真正的开始，不动笔墨不读书，只阅读不写作，专业发展的空间就很有限。想通了但写不出来，就是没想通；想清楚了但写不出来，就是没想清楚。对于不擅长写作的人来说，可以从摘抄开始，逐渐养成批注的习惯。读书会还可以建立一个"打卡群"，每日阅读，随时书写，彼此交流，互相激发，让打卡成为一种像呼吸一样自然的学习方式。

（10）文化是灵魂。读书会在初期需要依靠规则，要想长期坚持一定得形成内在的文化，让读书会的愿景、使命、价值观内化到每一个人的精神中。一旦规则上升为文化，读书会就有了强大的生命力，不会轻易因为意外的因素而中断。共读共写是形成文化的最佳途径。在我主持的新网师，我坚持撰写"一周观察"来形成、涵养组织文化。"一周观察"或者围绕某一知识点深度剖析、详细阐述，或者探讨学员在学习中存在的问题和不足，或者发掘学习榜样以激励鼓舞更多教师见贤思齐。这些文章或启迪智慧，或传授方法，或委婉劝勉，或直言批评，成为学员不可缺少的

"精神食粮"。通过共读共写，让分布在全国各地的学员成为有共同愿景、使命、价值观的"尺码相同的人"。此外，读书会还可以构建自己的文化符号——会徽、海报、文化衫，创办微信公众平台，开设对外宣传展示的窗口。

组织读书会六大忌

一忌选择水平低的书。宝贵的时间用来读最有价值的书，教育经典或者名家写的书是首选。经典书籍虽然不太好懂，但直抵本质，揭示规律，历久弥新。

二忌消遣性阅读。对经典之书，宜慢读、细读，多批注，画思维导图，反复与文本对话。读得透彻比读得多更重要，切忌蜻蜓点水，不求甚解。

三忌行政化。读书会不是行政组织，而是依赖教师自主参加的学习共同体，所以，读书会的学术权威未必是校长，当然，如果校长真正能领悟共读之书，也可以是学术主持人。

四忌一曝十寒。读书会的效果和魅力唯有长期坚持才能显现。如果因为一时的困难，就止步不前，一曝十寒，反而会引发教师对读书会的误解。

五忌强制全员参加。自由应该成为读书会的核心文化之一，一旦变成强制教师参加，哪怕出发点好，也很难有理想的效果。不妨鼓励"一部分人先富起来"，多激励喜好阅读的教师，进而带动其他教师。最关键的是让参与者通过阅读有反思、有收获、有成长、有成就，这才最有说服力。当然，也不是不可以用行政的力量，理想的方法是用行政的力量要求教师们参加，但要给教师们退出的自由。

六忌知行割裂。读书会的阅读要与教育教学实践打通，不要成为屠龙之技。读书是为了促进教师专业成长，参加者要带着实践中的困惑去阅读，通过阅读去反思和破解教育教学中的难题。

读书会是一个有机的生命体，有成长的过程和各阶段的特点。大多数读书会要经历五个阶段：形成期、混乱期、规范期、创造期和文化期。在形成期，发起者的主要任务是发布信息，选择场地，招募会员等。读书会组织一段时间后，就会产生一系列的困惑，如读什么书、选择什么时间、经常有人来不了、感觉不到收获等，这时就进入了混乱期。此时，需要进入规范期，发起人与大家一起重新梳理读书会的愿景、使命和价值观，制定清晰的规则，甚至要淘汰一些人。经过规范期，读书会重新焕发生机，阅读有序开展，活动灵活组织，甚至不断有新的创意和点子，这就进入了创造期。如此运行若干年，读书会的规则已经内化到参与者的灵魂中，读书的效果和价值也逐渐显现，大家已经由过去的被动参加转变为主动投入，而且不会因为其他人的退出和地点的变迁而停止读书，甚至有的人还会创建读书会的分会，这时读书会就进入了最理想的文化期。

乡村教师阅读
需知的三个答案

阅读是滋润教师生活的营养剂，是促进教师成长的助推剂。黄伟杰在《基于经典阅读的教师职后教育模式》中写道："教师职业的特殊性要求教师通过阅读学习，不仅要善于传道、授业、解惑，而且应该成为学生精神生活的引领者，情感、态度和价值观的培育者。"

当前，关于教师阅读的意义、方法和路径的探讨已经很多。与城市教师相比，乡村教师在所处环境、所教学生等方面还是有一些差异性，所以，乡村教师的阅读也有一些特殊之处。归纳起来，乡村教师在阅读上主要有三大困惑：不阅读似乎也能应付工作为何还要读书？现在的书很多，我应该读什么？能读懂的书价值不大，价值大的书读不懂，怎么办？

乡村教师为何读

第一，为克服职业倦怠而读。己立立人，己达达人，教师只有成为热爱生活、热爱教育、乐观向上、积极进取的人，才能担负起立德树人、教书育人的使命，才能身体力行、行为世范，切实塑造学生的精神，影响学生的灵魂。与城市学校相比，乡村学校条件落后、信息闭塞、缺乏活力、学习氛围淡薄。教师在乡村学校工作，人际交往圈子相对狭窄，外出进修和与外部环境交流的机会匮乏，长此以往，就容易消极倦怠，对教育缺乏激情，对未来感到迷茫，对自己失去信心。阅读，是自己点燃自己的重要途径，是对人生、职业和知识保持持久热爱与激情的简便方法。安徽省特级教师、霍邱县户胡镇中心小学教师董艳深有感触地说："通过专业阅读进行专业自救，安抚了我一颗躁动的心。"

第二，为培养健康人格而读。与城市教师相比，乡村教师所教学生中有不少是留守儿童、伤残儿童，是单亲家庭和贫困家庭的孩子。许多孩子缺乏关爱、内心自卑、习惯不良，到了少年期还有厌学情绪和叛逆心理。乡村教师的育人目标，首要的还不在于把学生送到重点中学，而是培养一个身体健康、人格健全、心态阳光、习惯良好、充满自信且积极进取的人。所以，乡村教师除了要重视教学，提升学生的学业成绩，更需要通过阅读学习教育学和心理学知识，理解儿童内心世界，掌握儿童身心发展规律，纠正家长错误的教育观念和方法。

第三，为促进乡村振兴而读。陶行知曾说："乡村学校做改造乡村生活的中心，乡村教师做改造乡村的灵魂。"乡村教师长期工作、生活在乡村，耳濡目染，对乡土文化熟悉且充满质朴的情感。乡村教师应积极重构乡贤形象，通过阅读发挥自身在乡土文化建设中的核心与桥梁作用，一方面对内向乡村传播现代文明新习惯、新风尚，另一方面对外讲好乡村故事，延续、传播乡土文化。

乡村教师读什么

关于乡村教师阅读有几种偏见：一是认为乡村教师知识积淀少，读不懂有难度的专业书；二是认为乡村教师观念陈旧，不愿意阅读；三是认为可以完全放手让教师来选择书籍。我有十多年组织乡村教师阅读的经历和经验，深深体会到两点：其一，不是乡村教师不喜欢读、读不懂，而是没有让专业的人以专业的方法来指导；其二，所读书籍不能完全由教师自己选，而是要结合需要解决的问题听取专家的建议，因为个体认知中存在"不知道自己不知道"的现象，许多教师知道自己遇到什么难题，但并不一定知道哪本书能解决。

所谓专业阅读，是指倡导多读一些经过岁月过滤沉淀下来的经典书籍，而不是一味读畅销书；要啃读一些非专业人员不读的理论书籍，而不是只读愉悦自己的教育散文、教育随笔。如果身处困境欲积极进取，可以阅读《传习录》，学习王阳明一生历经磨难坎坷，但矢志不渝"致良知""向内求"的精神；要想知道普通人如何奋斗成就一番事业，可以阅读《富兰克林传》，学习富兰克林终身自律自强、勤勉好学的品质。阅读《爱心与教育》，感受李镇西老师对学生那种自发涌动、纯粹而始终如一的大爱；阅读《我的教育理想》和《致教师》，感受朱永新教授对理想教育的憧憬、渴望和呼唤；阅读苏霍姆林斯基《给教师的建议》，可从日常教育生活中洞悉真谛；阅读《正面管教》《儿童的人格教育》《发展心理学》《爱的艺术》，可掌握儿童心理发展规律，知晓家庭教育的正确方法；阅读《做一个专业的班主任》《问题学生诊疗手册》，能帮助自己从经验型教师向专业型教师转变。在乡村振兴的背景下，乡村教师还应阅读有关当地风土人情、风俗习惯、乡贤传记、传说故事的书籍，在乡土文化的发掘、传承、传播和发扬中发挥积极的价值。

乡村教师怎样读

谈到乡村教师阅读中的困难，四川省旺苍县陈家岭小学王宗祥老师说："学而无友，找不到合适的学习共同体，得不到高人的指点。"缺乏专业发展共同体支持和专家指导是大多数乡村教师在专业阅读中的瓶颈所在。我深切体会到，教师如果不能链接、融入外界更大的世界，不能从学习共同体中汲取能量，而只是"单兵作战"，如果很少有研究性阅读、主题式研读，而只是碎片化浅阅读，专业能力很难发生真正的、本质的改变和提高。

我也越来越坚信，只要教育行政部门和学校给乡村教师创造读书的平台和机会，用正确的方法来指导，只要乡村教师破除浮躁和急功近利的心态，有一颗求知如渴的心，就可以突破上述客观条件造成的瓶颈。

近年来，全国各地已经呈现出不少乡村教师阅读的成功模式和样例。

第一种是技术赋能阅读。比如由全国政协副秘书长朱永新教授担任荣誉院长，全国知名教育专家李镇西担任院长的公益性"云大学"——新网师，借助互联网和人工智能技术，让乡村教师不出家门就能选择由国内教育专家、高校学者和一线名师开发的课程，得到个性化的指导和反馈，与五湖四海"尺码相同的人"相聚云端共读共写共同成长。2020年马云乡村教师奖获得者、内蒙古临河区乌兰淖尔乡总校教师丁秀华深有感触说："这里是汇聚美好事物的中心，是追求真理、去除遮蔽、擦亮生命的地方。"

第二种是行政推动阅读。四川省旺苍县教育局原局长向荣贵特别重视教师阅读，认为系统的专业阅读是教师专业发展的必经之路，他在县域倡导学校组建读书会，以教育局的行政力量推动教师阅读。旺苍县白水镇中心小学吴尧达老师说："随着专业阅读的深化，越发感到自己的无知和曾经的虚妄，越发愿意主动探究教育的奥秘。"

第三种是学校组织阅读。如云南省腾冲市实验学校小学部的青音读写社，黑龙江省尚志市希望小学于红澎校长组建的蒲公英读写社，学校组织老师们围绕教育教学问题定期啃读教育教学经典著作。

第四种是民间自发共读。如山西省忻州市民间公益性学习共同体——常春藤读书会，就是由当地大学、中小学幼儿教师自发组建，每周六晚上相聚一起相互切磋，共读经典。

专业阅读的六个选择

是先读再做，还是先做再读

应该先做再读，或者说边做边读。做，就要有具体的挑战或任务，如上好一堂课、设计一个课程、撰写一篇文章、做一次演讲等。

任务驱动阅读，输出倒逼输入。不少人难以开启专业阅读，根源处是缺乏真实的挑战。先有一个挑战或任务，在书籍中寻找方法，把阅读作为克服挑战和完成任务的方式与途径，这是成人常用的学习方式。

人的大脑天生不喜欢思考。阅读（尤其是专业阅读）是十分烧脑的事，不符合人好逸恶劳的本能。如果不是因任务驱动或奖赏刺激而打开一本书，有多少人能克服小视频、电子游戏、电影、电视剧的诱惑？

是读经典书，还是读畅销书

黑猫白猫，逮住老鼠就是好猫。不管经典书还是畅销书，只要有助于解决真实的问题，都可以阅读。

只不过，需警惕两种情况：

一种是只读畅销书，止步于畅销书，表面上是兴趣或能力的问题，实质上是缺乏探究本质的习惯或愿望。如果你不断追问本质，往往会追溯到经典书。

一种是迷恋经典书，沉浸在概念理论的世界里，学了一大堆理论，却解决不了现实中的问题。

初入职者经验不足，可适当多读一些浅显易懂的畅销书，借鉴模仿。入职十多年者需要啃读一些经典书，探究教育规律、生命本质和教学艺术。

还有另外的路径：新网师倡导先用经典书打底，攻克经典书后再读畅销书，就是一种"俯视"的姿态。

是依兴趣读，还是按需求读

很多时候，感兴趣的不一定有需求，有需求的不一定感兴趣，专业阅读应该按照需求而不是兴趣来选择书籍。比如，有的语文老师喜欢文学作品，不喜欢教育学和心理学，但真正限制教育教学水平的，往往是所欠缺的教育学和心理学。

要提高专业水平，就需要有走出阅读"舒适区"进行长期啃读的理性认识，需阅读一些平常不喜欢读的烧脑书籍，需要有克服本能、挑战自我的勇气。

很多时候，我们并不知道自己真正需求什么。极少数人"知道自己知道"，部分人"知道自己不知道"，更多的人"不知道自己不知道"。

当然，兴趣和需求是可以合二为一的，兴趣即需求，需求即兴趣。

是一个人读，还是共读

除非有较强的意志力或自我管理能力，否则，很难长期独自啃读。环境影响人，大多数人专业阅读匮乏，主要是缺乏阅读共同体的熏陶。

对于追求上进的老师来说，如果能遇到一个重视阅读的校长，如果所在学校重视并组织专业阅读，是非常幸运的。

专业阅读需要三重对话：与文本对话，与他人对话，与自我对话。独自阅读，只能完成与文本的对话，无法完成与他人的对话，与自我的对话质量也就不高。

许多老师加入新网师后专业水平得到提高，正是因为加入了学习共同体，能够与"尺码相同的人"一起交流探讨，相互激励，相互学习，共同进步。

是读得多好，还是读得深好

读得透彻比读得数量多更重要。

看看这本，翻翻那本，无暇咀嚼、涵泳、反刍知识，貌似读得数量多，但皆为不能解决问题的浅学习。

深挖一井，掘井及泉。新网师倡导啃读，用半年、一年甚至更长时间，聚焦、沉潜于一本经典书，逐段批注，提取要点，理清框架，联系实际，力求内化成为解决问题的工具。

其实，在追求读得透彻时，也就逐渐读得多了。常人很难通过只读一本书而完全读懂，书籍之间是彼此启发、相互打通的。读那本书启发读懂这本书，读这本书启发读懂那本书。如果要真正读懂一本经典书，需要阅读相关的书籍、论文等资料。

比如，我为了读懂《苏菲的世界》，同时又阅读了《哲学导论》《西方哲学史》《大问题》《哲学的邀请》等书籍。这也叫主题性阅读、研究性阅读。

评价专业阅读的标准是什么

实践是检验阅读的标准。中小学一线教师如果仅仅追求读得多，对于教育教学是没有什么价值和意义的。

读书要源于解决问题，瞄准解决问题，最终要解决了问题。所以，评价专业阅读的标准，不是读了什么书，读了多少书，而是看你解决了多少问题，解决了哪个层次的问题。

有的人说，我不读书也能解决问题啊。问题是分层次的，只凭经验能解决低层次问题，但要解决高层次问题，就离不开读书了。

阅读之光
照亮成长之路

著名教育家朱永新说："一个人的阅读史就是他的精神发育史。"我想说，一个人的精神发育史也是他的生命成长史。回顾自己的学习、工作经历，正是这句话的真实写照。

大学读中文系，毕业后做中学语文老师，之后从中学进入大学任教，现在又从大学老师成为博士生。成长的轨迹看似偶然，但每一步成长都离不开阅读的潜在推动作用。

丰富与枯涩：对比鲜明的童年与少年

我从小就喜欢读书，这与我生长在一个教师家庭有关。70后农村孩子的童年没有电动汽车、玩具枪、奥特曼，更没有电子游戏，伙伴们喜欢滚铁环、用弹弓打麻雀时，我痴迷于"小人书"（连环画）。由于父亲是乡村小学校长，能方便地从学校图书室借阅书籍，我读的连环画要比大多数同伴多得多。记得小时候，只要到县城，对父亲的唯一要求就是到新华书店买连环画。而今回头来看，连环画、绘本是童年最好的精神养料，沉浸于童书是最符合儿童身心发展规律和教育规律的方法。在那个物质和精神都还贫瘠的时代，正是这一本本"小人书"吸引着幼稚的童心。每当父亲摆出一炕的"小人书"，我翻翻这个，看看那个，崭新的图书，栩栩如生的画面，真想一下子全部装进脑海里。那种满足、新鲜，今天想来依然很真切和激动。现在，书越来越多了，但那种感觉却不多了。

我从小学到大学，从未为语文、历史等文科课程发愁过，后来就读中文系，做语文老师，其实都与童年埋藏下的"阅读种子"有关。童年的阅读不仅影响了我的兴趣和职业，也刻写下精神基因：理想主义情怀，英雄主义情结……

丰富、浪漫的童年期后是枯涩的少年期。

进入初中，我开始住校，老师严禁读课外书，那时除了武侠小说，也没有多少书可读。高中到了县城，订阅了《语文报》《辽宁青年》《读者》等报刊。少年期的阅读完全是自发的，没有方向，没有规划，也没有人告诉我哪本书有价值。其实，即使拿到有价值的书也读不懂。新教育实验把"那些在童年至青年期出现过的，深刻地影响人的生命以及精神气质的书籍"称为"根本书籍"。少年期是塑造人世界观、价值观和人生观的关键时期，但读书量少且缺乏"根本书籍"是一大遗憾。现在，我每个暑期都带着孩子共读有价值的书籍，就是汲取了自己成长中的教训，避免自己的遗憾。

大学就读中文系，读书量虽然增加，但大多是消遣性阅读，缺乏深刻影响自己的"根本书籍"。

觉醒与精进：专业发展的取经之旅

1999年，参加工作，先是在一所民办高中教语文。本来，教书与读书密切相关，而且还兼做校报主编，但我除了读一些语文教学杂志，几乎没有读过其他书，更不用说有规划地专业阅读。究其原因，一是工作繁忙，二是缺乏高质量的书，三是周围主要是退休教师和刚入职的年轻人，退休教师不再读书，年轻人不懂得读书。所以，在阅读上既没人指导，也没有学习的榜样。几年过后，当度过工作磨合期和适应期，专业阅读匮乏的弊端就逐渐显现：教育教学遭遇"天花板"，既不知道如何做，也不知道学什么。久而久之，职业倦怠潜滋暗长，挥之不去。

新教育实验提出教师专业发展的"三专"理论：专业阅读、专业写作和专业交往。还好，在生命还有可塑性的而立之年，我偶然加入了一个专业学习共同体——新网师，幸运地开启了专业学习之旅。通过专业交往，在学术大咖的指导下自觉地专业阅读、专业写作。当时并未意识到，这个不经意的偶然选择不仅促进了专业发展，而且影响了今后的职业道路，乃至改变了人生轨迹——从中学老师转变为大学老师，今天又脱产攻读博士。

新教育实验认为，教师应该具备一个合理的专业知识结构。知识结构中某一方面存在"短板"，就会阻碍自身的专业发展。不同学科与不同发展阶段的老师，需要阅读不同的专业书籍，采用知性阅读的方法啃读"根本书籍"。知性阅读是相对于感性阅读而言，强调对书籍的聆听、梳理、批判、选择；"根本书籍"是指奠定教师精神及学术根基，影响和形成其专业思维方式的经典书籍。

我啃读的第一本"根本书籍"是《人间词话》，目的是提升诗歌解读能力。我逐条逐句逐字批注，不仅批注王国维的原句，还批注后人对原句的注解。王国维对诗词的评价一针见血，言简意赅，信息量非常大，涉及许多诗人和诗词。我把涉及的诗词全部找出并独立翻译，细细品味。坚持每天批注啃读，两周一次听讲师授课，用半年的时间才啃读完这本书。经过这样敲骨吸髓式的阅读，对这本书基本就了然于胸。此后，围绕这本书又读了相关书籍——叶嘉莹的《唐宋词十七讲》、王富仁的《古老的回声》、葛兆光的《汉字的魔方》等。这就是主题性阅读，这种阅读方法让我受益匪浅。后来，凡是要研究一个新的领域，都是先购买十几本相关书籍，集中研读，基本就能把握其要旨了。

2010 到 2012 年，我开始在新网师讲授"语文研课"课程，对我影响大的另一本"根本书籍"是王荣生的《语文科课程论基础》，这是一本研究语文教学绕不开的书。在这本书面世之前，语文公开课和日常教研主要聚焦教学方法，即"怎么教"，至于"教什么"，大多默认照搬教学参考书中的规定。即使有一些名师对文本分析进行了突破，也很少上升到学理的程度将问题讲透彻。这本书从现代课程论的视角，审视了近百年来世界主要国家母语教育研究的历史和现状、经验和教训，将文本分为"定篇""例文""样本""用件"四种类型。这种分类打破了长期以来以文体划分类型的习惯，为语文教育研究提供了新的方法、新的框架，为语文教育研究者和语文教师打开了一个全新的视野。研读这本书后，加深了一个体会：要读一流书，不要读二流书；要知晓本专业顶尖专家是谁，精读其代表作。

书籍会引导你读什么。溯源而上，顺藤摸瓜，我一路就读到哲学上了。《苏菲的世界》是非常好的哲学启蒙书。这本书对我的价值主要是：粗线条了解了西方哲学史，为理解其他书提供了粗线条的背景和框架。有没有这个背景，是大不一样的。围绕这本书，我又阅读了《中国哲学简史》《哲学的邀请》《西方哲学史》《哲学导论》《大问题》等一系列哲学书籍。2013 年，带领大学生在农村实习支教时，组织团队老师共读了《苏菲的世界》。2017 年暑期，我带 20 多名中小学生共读这本书，每天 6 小时，连续读了 20 天，孩子们读得兴致盎然，颠覆了我对中小学生阅读潜力的理解。

实践与运用：黎村苗寨中的精神翩舞

2010 年到 2012 年，我带领大学生深入海南省五指山市实习支教。大学生初出茅庐，有热情无经验，有专业知识但缺乏教育方法，太难的书读不懂且实用性不大，我选择了苏霍姆林斯基的《给教师的建议》作为共读书籍。实习支教大学生分布在不同的乡镇学校，我让每人必备《给教师的建议》，每个周末，所有大学生在各自的学校共读这本书。我驾驶的桑塔纳轿车里一直存放着《给教师的建议》这本书，每到一所学校，上午听评课，午饭后就组织大学生有针对性地共读这本书，用苏霍姆林斯基的理论剖析课堂教学，解答教育中的困惑。

苏霍姆林斯基既拥有深厚的教育学、心理学素养，又有长达 30 年扎实的教育教学实践经验。他用饱含激情又富有诗意的语言和生动活泼的案例把育人观、知识观、课程观、教学观一一描述出来。《给教师的建议》一书对实习支教发挥了独特作用：既是启发、鼓舞我的"启明星"和"加油站"，又是我指导大学生实习支教的"百宝箱"和"教科书"。如果不是因学习苏霍姆林斯基而受到鼓舞，我可能只是像对待常规工作一样，停留于把工作做了、不出安全事故的层面。那时，我以苏霍姆林斯基勤于书写、勤于思考为榜样，一边指导大学生开展教育教学，一边随时将所闻所见、所思所感记录下来，这些文字后来汇集成了我出版的第一本书《给青年教师的四十封信》。

实习支教过程中，发现许多大学生自我管理能力薄弱，我又选择了《高效能人士的 7 个优秀习惯》来共读。这本书与一般流行的自我管理方面的书不同，它提供的不是零碎的技巧，而是终身受用的底层逻辑：积极主动，以终为始，要事第一，双赢思维，知彼解己，统合综效，不断更新。每条后面又包含着一套深刻的方法论，比如要事第一，就是要首先完成"重要而不紧急"的事，而不是忙碌于"紧急而重要"和"紧急而不重要"的事。阅读这样的书，不只是改变行动，更重要的是塑造新观念。观念的革新也是行为持续改变的条件。

讲授与求知：教别人是最好的学习方式

新教育实验认为，对于任何具体的专业领域而言，存在着一个最合理的知识结构。教育作为专业领域，也拥有合理的知识结构。比如对一个教师来说，这个知识结构可以大致分为：学科知识占50%，专业知识（主要指教育学和心理学知识）占30%，人类基本知识（历史、地理、管理、经济等领域的知识）占20%。这种知识结构，潜在地作用于教师日常的教育教学，哪怕是上一节课，也是整个知识结构在起作用。

我在研读了不少学科书籍后，要想再提升教育教学能力，就须读教育学和心理学书籍。于是，我用一种独特的方法开始阅读，即费曼学习法——用自己的语言来记录或讲述你要学习的概念。用长春师范大学孙影教授的话来说，即"输出倒逼输入"。2013年至2017年，我在新网师讲授教育学和心理学课程，讲授的书籍是《儿童的人格教育》《教育的目的》《教育人类学》。

《儿童的人格教育》是一本心理学经典著作。作者阿德勒是奥地利心理学家，曾经与弗洛伊德一起学习、工作。这本书主要围绕"自卑与超越"这一主题，分析了自卑产生的原因、消极因素和积极作用，对教育提出许多洞见，对于理解自我、理解儿童有极高的价值。一开始讲解，基本是复述上一任讲师的讲稿。讲完一次，不通透，就继续讲。前后讲了四年，直到第四次讲授时，才犹如"桶底子脱落"，哗啦一下贯通。自此以后，"自卑与超越""影响人成长的不是环境，而是人对环境的个体性理解""人格的统一性"等概念、命题化为潜意识，成为分析教育教学问题的自动化工具。

《教育的目的》是英国教育家怀特海关于教育的经典著述，全书每个篇章都是精品，可谓字字珠玑，博大精深。其中蕴含的深刻教育思想，即便在今天看来，仍然闪耀着不朽的智慧光芒。通过学习这本书，我最大的收获是四点。一是教育目的观："学生是有血有肉的人，教育的目的是为了激发和引导他们的自我发展之路"；"教育只有一个主题——那就是多姿多彩的生活"。二是课程观："不要同时教授太多科目，如果要教，就一定要教得透彻"；学校课程应该是一个统一于生活的整体，学科之间应该相互包容或融合，反对科目之间相互对立。三是知识观："不能加以利用的知识是相对有害的"。四是认知节奏论：智力发展是一个"浪漫—精确—综合"螺旋循环上升的周期性过程，教育只有适应儿童智力发展的规律，才可能"在学生的心灵纺织出一幅和谐的图案"。

《教育人类学》是一本弥漫存在哲学意味的教育经典书。作者博尔诺夫是德国著名教育哲学家，他曾师从诺贝尔奖获得者、物理学家马克斯·玻恩攻读博士学位，还长期跟着大哲学家海德格尔听课学习。他特别重视人的存在问题和生命问题。博尔诺夫把存在主义、现象学等哲学思想与教育学思想交织在一起，熔铸出他的教育主张，这是其教育思想的最大闪光点。

博尔诺夫认为生命发展的连续性是偶然的，非连续性才是生命的本质。他敏锐地认识到"教育是一种连续性的活动"这个普遍流行的观点是不完善的，教育的过程应该是连续性和非连续性的统一。为此，他用"危机""遭遇""唤醒""告诫"等一系列鲜活的概念，形成了自己对教育的独特见解。博尔诺夫认为，人与其他动物相比，生来就是有缺陷的，但人通过接受教育，成了虽不完美，但因此而不断使自己完美起来的生物。他赋予"空间""时间""信任""希望""语言""对话""描写"等这些我们习以为常的概念以新的内涵，重新擦亮词语，给予我们深度启发。

借助哲人的智慧，我们方拨开词语、概念、假象、谎言、纷争交织而成的层层迷雾，从一个更高的、更远的距离来凝神领悟教育的真谛与生命的本质。这本书，我在新网师一直讲了三四年，终于通透。三个课程的讲义结集为我的第二本书——《改变教育的十二个关键词》。

寻找与皈依：以教育为此生之使命

新教育实验认为，职业认同与专业发展是教师成长之"两翼"。专业发展是职业认同的基础，没有专业发展，要真正实现职业认同是很困难的；同时，职业认同是专业发展的动力，没有职业认同，没有理想、没有激情，很难实现真正的专业发展。二者互为前提，相互促进。

我在新教育实验浸润十年，受朱永新、李镇西等名师的指引和感召，越来越痴迷于阅读，痴迷于新教育，其中影响我最深的是《新教育年度主报告》。这本书由新教育实验发起人朱永新老师在历届新教育年度研讨会上所做的主题报告结集而成，是新教育共同体十余年来理论探索与实践经验的集中呈现。

我在新网师学习的十年，也是不断学习《新教育年度主报告》的十年。从2009年加入新网师以来，我就特别关注和收藏每年的年度报告，至今仍然记得初读时的那份眼前一亮、怦然心动，犹如在重重迷雾中突然投射来一束光，照亮教育前行之路。学习这本书，我的收获主要有五点：一是进行了共读共写共同生活构筑共同体的实践和探索；二是掌握了六个维度和三重境界的新教育理想课堂；三是明晰了教师成长的方法和策略；四是明白了学校文化的使命和意义；五是领会了缔造完美教室的意义和构建方法。

我把《新教育年度主报告》中的理论运用到指导大学生实习支教中，深刻体会到了理论的价值和巨大力量。只要掌握了理论的精髓，在任何条件下都能因地制宜创造性开展工作，如果不掌握理论，机械模仿，往往会沦为邯郸学步、东施效颦。

在持续不断的阅读中，理解教育，也理解自己。只有真正理解自己，才能真切理解他人、理解世界。对我影响深的另一本书是《批判性思维工具》，这是我所见到的批判性思维类书籍中最好的一本。应试教育容易导致一些非理性的潜意识，如盲从权威、懒于思考、缺乏理性、等待标准答案等。荣格说："除非你把潜意识意识化，否则它一直会影响着你的生活，然后你说那是命运。"通过学习批判性思维理解自己的潜意识，有助于增强理性认识，有助于理解自己，发现自己，成为自己。学习这本书对我有两大影响：一是增强了元认知能力，开始警惕自我中心和社会中心思维，避免非理性思维；二是增强了逻辑分析能力，有助于分辨日常思维中的逻辑漏洞。

今天，在湖水环绕、文化底蕴深厚的苏州大学求知学习，教师教育成为我博士攻读的领域。我又站在一个新的起点，也需要从更广阔的视域来理解教育，理解教师成长。我的书桌上放着《教育管理学》《教育心理学》《教育社会学》《教育经济学》等书籍。

若干年后，又会有哪些书成为生命中的十本"根本书籍"呢？

附十本书：

1.《人间词话》：王国维著，周锡山编校，万卷出版公司2009年出版。

2.《语文科课程论基础》：王荣生著，教育科学出版社2014年出版。

3.《苏菲的世界》：乔斯坦·贾德著，萧宝森译，作家出版社2017年出版。

4.《给教师的建议》：苏霍姆林斯基著，杜殿坤编译，教育科学出版社1984年出版。

5.《高效能人士的7个优秀习惯》：史蒂芬·柯维著，高新勇等译，中国青年出版社2018年出版。

6.《儿童的人格教育》：阿尔弗雷德·阿德勒著，彭正梅、彭莉莉译，上海人民出版社2011年出版。

7.《教育的目的》：怀特海著，庄莲平、王立中译注，上海文汇出版社2012年出版。

8.《教育人类学》：博尔诺夫著，李其龙等译，华东师范大学出版社1993年出版。

9.《新教育年度主报告》：朱永新编著，湖北教育出版社2014年出版。

10.《批判性思维工具》：理查德·保罗、琳达·埃尔德著，侯玉波等译，机械工业出版社2013年出版。

教师阅读要有专业性

曾应邀为某个县的校长和优秀教师做了一场关于专业阅读的讲座，介绍专业阅读对于教师成长的价值和意义。晚上，与听讲座的好友聊天，他说："阅读对于教师专业发展肯定有好处，但我希望学一种有效且可操作、可复制的课堂模式，尽快大面积提高教学成绩。"我说："学习方法与模式需要学，但很难找到单纯依赖策略和技术来破解问题的'一招鲜'。"

为什么？因为破解一个具体的问题，看似用了一个方法，但方法背后需要一个大的系统支撑。这个系统有三个要素：知识、策略和意愿。知识是理论范畴，提供"做什么"和"为什么做"；策略是方法，提供"如何做"；意愿是动力，提供"想要做"。一套长期行之有效的方法，是意愿、知识和策略交织的结果，缺一不可。重视策略或技术，忽视知识和意愿，是许多课改学校遭遇瓶颈而无法突破的主要原因。

如何办？专业阅读是行之有效的方法之一。专业阅读分为深度阅读和为解决问题而读。当然，这种划分不是很严谨，因为深度阅读也是为了解决问题，只不过侧重"无用之用"，为解决问题而读则侧重于"有用之用"。

深度阅读在内容上强调读经典，在方法上强调啃读，在效果上重在透彻理解而不在阅读数量。深度阅读有助于对教育中的根本问题形成根本性理解。以课改来说，课堂需要改革毋庸置疑，课改需要模式也不需讨论。

我不反对模式，反对的是模式化，如果所有的课堂不分学科、不分学段，都机械套用一种模式，肯定行之不远。正如"八股文"是一种很好的写作模式，但如果所有的文章都必须按照"八股文"的结构来写就有问题了。模式是理论和实践之间的中介环节，具有一般性、简单性、可操作性的特征。模式在实际运用中必须结合具体情况，实现一般性和特殊性的衔接，并根据实际情况的变化随时调整要素与结构，才有可操作和推广性。

一切行为都包含理解或洞察。教师专业发展，应对教育教学形成一种根本性理解，为解决具体问题提供丰富的知识背景。而这种理解力，在短时间内，依靠碎片化的浅阅读是无法形成的，有赖于深度阅读。

谈完深度阅读，我们再来看为解决问题而读。

从阅读目的来看，有读文学、新闻、消息的消遣性阅读，有如高校教师旨在构建严密学术体系的研究性阅读，对中小学一线教师来说，我提倡为解决教育教学中的现实问题而读。虽然每个教师的处境、面临的问题、所需的书籍都不尽相同，但基本上总有一本书能解答你的问题。专业发展，某种程度而言，就是寻找到此时此刻最适合你的书。

打一个不贴切的比方：为解决问题而读，就如海盗一样，不强调固定的战术战法，随时根据发现的目标，机动、快捷、有效地捕获"猎物"。在阅读书籍的选择上，既可能是经典理论书，也可能是畅销工具书；在阅读方法上，既可能是精读，也可能是泛读。总之，以解决问题为最终目的。我指导几个希望提高课堂教学水平的中学语文老师，就先推荐了几本书：《语文科课程论基础》《理想课堂的三重境界》《唐宋词十七讲》《阅读教学设计的要诀》《古老的回声》《孙绍振如是解读作品》等。这些书涉及课程论、教学策略、教学模式、文本解读。每次评课，当对某个问题进行讨论时，就顺手打开书籍中相应的部分研读，从而达到理解上的通透。

还有一个方法是主题性阅读，为了对某一个问题或领域有比较深刻的理解，尽可能多地搜索相关书籍，一起购买，集中阅读。比如，我研究提升中学生演讲能力，就先在"豆瓣读书"搜索演讲方面的图书，根据排名筛选出《演讲的本质》《高效演讲》《金字塔原理》《演讲的艺术》《演讲的力量》等几本书。用几周时间快速浏览后，基本把握了演讲的核心知识，并确定了精读的内容，为下一步实战练习提供了比较广阔的智力背景。

之所以强调专业阅读，是因为实践中还有一种阅读，貌似专业，但不仅没解决问题，反而是在逃避问题，甚至制造问题。比如阅读单纯励志性的书籍，以为态度能决定一切，打了"鸡血"就能教出好成绩。还有一类书，充满抱怨或推卸责任，为教师辩护，把教室里的问题一味归因于工资、环境、学生、家庭等外部原因。读这两类书，无视教育的复杂性，不懂技巧背后的原理，不仅不能解决问题，还有可能让自身都演变为"问题"。

在啃读经典中
获得智慧

第一次阅读苏霍姆林斯基的书，缘于 2010 年在新网师选择了"给教师的建议"的课程。那时，我已经教了十年高中语文，大脑中整个思维完全被高考应试束缚，语文教学除了瞄着高考试卷中的修改病句、标点符号、阅读理解、话题作文等，不知还有什么目的。教育教学中遇到的许多困惑长期得不到满意的解答，职业倦怠感逐渐滋生并蔓延。

《给教师的建议》这本书仿佛开了一扇窗，让我终于品尝到教育的芬芳。当时我很吃惊，没想到这本看上去不时尚的书竟然有如此重要的价值和独特魅力。遗憾的是，不论是我上大学期间还是工作的十年中，竟然从来没有人提到过苏霍姆林斯基这个名字，更没有人提到过这本书。

苏霍姆林斯基如一位循循善诱的长者，用饱含激情又富有诗意的语言和生动活泼的案例把育人观、知识观、课程观、教学观——描述出来，仿佛一道闪电，照亮了我的内心。关于教师的作用，苏霍姆林斯基说："教师确实要善于在每一个学生面前，甚至是最平庸的、在智力发展上最有困难的学生面前，为他打开精神发展的领域，使他能在这个领域里达到顶点，显示自己，宣告大写的'我'的存在，从人的自尊感的泉源中汲取力量，感到自己并不低人一等，而是一个精神丰富的人。"关于如何培养儿童的学习积极性，他一语中的："如果你想做到使儿童愿意好好学习，使他竭力以此给母亲和父亲带来欢乐，那你就要爱护、培植和发展他身上的劳动的自豪感。这就是说，要让儿童看见和体验到他在学习上的成就。"

新网师非常严格，要求学员必须批注原文。我根据讲师的要求逐段逐篇批注原著，在每一段结尾用红色字概括段意，每一章结尾用蓝色字总结全文。以这种蜗牛般的速度，用一学期时间批注完了《给教师的建议》，这是迄今为止我批注得最认真的一本教育经典书。

《给教师的建议》这本书章节之间逻辑并不严密，在讲师的指导下，我逐渐归纳出了几大主题：自尊心、信任、评分、两套教学大纲、自动化读写、交集点、思维课、直观性等。这段学习历程对我影响很大，一是学到了阅读经典的方法，二是避免了对苏霍姆林斯基的浅读和误读。之所以说避免"误读"，是因为在我了解的范围内，国内许多中小学教师甚至专家对苏霍姆林斯基不同程度地存在浅读或误读的现象。

苏霍姆林斯基作为一个教育实践家，基本上思考了基础教育领域涉及的各类重大问题，所以，每一个教师很容易在其中发现自己原本感兴趣的东西，从而强化自己思想的倾向性。比如，能从《给教师的建议》中读到"爱心""阅读""集体教育"等，但这些不是决定苏霍姆林斯基之所以伟大的核心思想，不是让苏霍姆林斯基区别于其他教育家的根本之处。如果一个老师仅仅学到这些，很难从平凡走向优秀，从优秀跨入卓越。真正处于苏霍姆林斯基教育思想核心的因素是他对儿童生命无差别的尊重、关爱，是对每一个生命潜力的发掘和内在动力的激发，即他反复强调的"自尊""尊严感""道德感""成就感"。干国祥老师就此凝练出了苏霍姆林斯基教育理论的灵魂，将其精确地归纳为"苏霍姆林斯基教育学循环"："生命在劳动学习过程中克服困难、获取成功，进而获得高度的自我感觉（自信自尊），以及责任感与意志力，和渴望再度通过学习、通过克服劳动学习中的困难而获得幸福的动机。"这个理论成了影响我理解教育的一个根本观点。

随着学习的深入，我越来越感觉到苏霍姆林斯基的伟大，他既拥有深厚的教育学、心理学素养，又有长达 30 年漫长而扎实的实践，他的作品堪称一座活的教育学宝库，蕴藏着大量的真知灼见和丰富的教育教学案例，源源不断地滋养着后人。在学习苏霍姆林斯基著作的同时，我的工作也发生了变化。2010 年秋天，单位委派我带领 23 名大学生走下太行山远赴海南省五指山市，扎根大山中的黎村苗寨开展实习支教，我的工作主要是指导大学生在小学开展教育教学。对于课堂教学指导，我不是按照常规泛泛听课、评课，而是注重把实践与理论打通，引导大学生深层次剖析教育教学现象，破解教育教学难题，激发大学生内在的尊严、成就感，培植他们内心深处对教师职业的认同与热爱。

我让每一个同学都购买了《给教师的建议》一书，用苏霍姆林斯基的理论来剖析课堂教学，解答教育中的困惑。比如，当地黎苗族孩子的学习文化成绩比较低，许多大学生既理解不了这种现象，也不知该如何应对。我就指导大学生阅读书中相关章节，从而明白孩子们学习差的一个重要原因是阅读量小，大脑里缺乏足够的"智力背景"，读写没有达到"自动化"。为此，实习支教大学生专门开展"构建书香班级"活动，培养黎苗族孩子的阅读习惯，扩大阅读量。针对语文课堂老师所提的问题质量低、吸引不了学生，我们共读了书中有关"交集点"的章节，从而明白了如何提出有质量的"大问题"。通过共读，实习支教大学生不仅破解了教育教学中的许多困惑，而且领略到经典书籍的魅力，改变了对理论书籍的偏见。多年过去了，在青山绿水、椰风蕉雨、雾霭蒙蒙的乡村学校里，与年轻大学生们手捧《给教师的建议》如切如磋、如琢如磨的画面经常浮现于我的脑海，清晰而纯粹，温暖而幸福。因沉浸于书籍与课堂，五指山那段清贫的日子成为了生命中激情燃烧的岁月。

这段经历也成了大学生一段难忘的记忆和宝贵的精神财富。在实习支教结束后的总结中，许多同学提到了共读经典活动。外语系学生韩文娟说："每周五晚上，我们会一起共读苏霍姆林斯基的教育名著《给教师的建议》，从中找出解决教学困惑的办法。共读成了我们闲暇时的一场辩论，针对书中的教育观点，我们提出各自不同的看法，通过辩论澄清了观点，梳理了脉络。每次共读，总有一种豁然开朗的感觉。"中文系学生陈思思说："我们一起生活的日子里，有爬木瓜树的新鲜，有周末煮饭的乐趣，有一起庆祝生日的快乐，更有共读经典的精彩。"

在五指山市带着实习支教大学生阅读《给教师的建议》，一方面让我对苏霍姆林斯基的教育思想有了更深的领会，另一方面使我不禁思考高师院校的教师教育问题，为什么不让师范生在大学里多阅读一些教育经典呢？通过教育原典课程，师范生可以在职业之初感受经典的魅力，领略教育的深邃，为未来岗位中专业发展埋藏一颗种子，引发一条自我发展之路。

有一些大学老师认为教育经典太深奥，大学生不喜欢读，其实这是很大的误解，学生是否喜欢的关键在于教师自身对教育经典是否喜欢、是否领会、是否能学以致用。我从五指山市实习支教结束回到忻州师范学院，就应数学系领导邀请，组建了"海拔五千"大学生读书会，带着数学系大学生在周末共读《给教师的建议》，这些课外阅读量比较少的理科生也学得津津有味。

2015 年，我奔赴山西省原平市带领大学生在农村学校实习支教。大牛店镇联合校校长郝月柱是一位有事业心、热爱阅读、喜欢钻研的校长，他看到我指导大学生阅读，就邀请我指导当地农村教师组建读书会。随后，我们成立了大牛店镇教师读书会，在推荐阅读书目时，我首推《给教师的建议》一书。我认为，这本书完全可以当作中小学一线老师必读书。哈尔滨市某学校老师殴打、辱骂、花式体罚学生，因家长公开举报而被开除，如果这位老师真正学习过苏霍姆林斯基，哪会出现这种结果？

"未来的教师，我亲爱的朋友！在我们的工作中，最重要的是要把我们的学生看成活生生的人。学习——这并不是把知识从教师的头脑里移到学生的头脑里，而首先是教师跟儿童之间的活生生的人的相互关系……请记住：促使儿童学习，激发他的学习兴趣，使他刻苦顽强地用功学习的最强大的力量，是对自己的信心和自尊感。当儿童心里有这股力量的时候，你就是教育的能手，你就会受到儿童的敬重。而一旦这种不能以任何东西相比拟的精神力量的火花熄灭之时，你就变得无能为力了，即使有影响儿童心灵的最英明、最精细的手段，它们都会成为死的东西。"虽然我已经是多次阅读苏霍姆林斯基的这本书，但每次读到书中这些话语，依然能感受到文字中散发的炽热与滚烫，依然内心如春潮涌动，依然有新的领悟，依然能给我深刻启迪，也许这就是经典的魅力吧！

大牛店镇联合校的任银贵老师已经快要退休，在共读了《给教师的建议》后，深有感触地说："回顾我的学习之路，老师和教育之于我，其重要的积极的意义似乎不大，因而我对老师及其教育的意义也便很有点看轻的意味。而我却因阅读《给教师的建议》，从理性上改变了原有的认识。原来这种认识，不是教育本质引起的，而是施行教育的老师的教育情怀不足、教育理论水平不够引起的。由此，我进一步认为，教育学应该是人类社会中最精微、最高妙的学问之一。"

而今，我因工作关系，经常与全国语文教育专家李镇西老师接触交流，李老师是中国"苏霍姆林斯基式"的老师，他对教育的满腔赤诚，对教育理想精卫填海般的追求，对教育真谛矢志不渝的坚守，深深感染影响了我。

人类文明，薪火相传；教育真谛，永恒寻求。今人因吸吮先哲的精神养料而充沛、发光，后人也必将滋养于今人的文化而生长、创造。2018年是苏霍姆林斯基诞辰100周年，从自己来说，重温原典书籍，聆听先哲教诲，回归教育本真，努力成为一个以教育为终生使命的研究者和教育者，也许是纪念苏霍姆林斯基最好的方式。

暑假正是读书天

你不甘平庸，有成长的渴望和读书的愿望，有成为"高手"的内在渴求，但备课、上课、辅导、查寝，应付各种检查、照顾孩子、应酬人情往来等占用了大部分时间，耗费了大量精力，导致你没有精力读书，没有时间"充电"。

如何才能在忙碌、紧张的日子里有读书的时间？充分利用暑假吧！

暑假是一段非常宝贵、能长时间自主支配的阅读时间。高质量阅读需要长时间沉潜，上班期间时间被各种事务切割，阅读变得碎片化，很难长时间沉浸。暑期则不然，只要愿意，就可以规划出一整天、一周乃至更长时间阅读早已想读、没空读的有价值的书。

暑假难道不是用来休闲的吗？日常工作已经很累了，好不容易能休息，还要阅读学习？其实，阅读与休闲并不矛盾，可以把旅游、打球、访友、照顾孩子等与阅读统筹规划。当然，在更高层次上，阅读乃至工作都可以转化为一种休闲。反过来，日常工作之所以累，恰恰是由于阅读少的缘故，真正卓越的教师都是用一辈子来备课。苏霍姆林斯基讲过一个故事：一个有 30 年教龄的历史教师上了一堂特别出彩的公开课。课后有老师问，这样精彩的课准备了多少时间，这位历史老师回答"我准备了一辈子"。日常准备充分了，备课就简单不累了。苏霍姆林斯基说："怎么进行这种准备呢？这就要读书，每天不间断地读书，跟书籍结下终身的友谊。

潺潺小溪，每日不断，注入思想的大河。读书不是为了应付明天的课，而是出自内心的需要和对知识的渴求。"有的教师认为暑期也没空阅读，实质是在为不读书找借口，内心不愿做，理由总不愁找。依照"二八原则"，80% 的人习惯从外部寻找借口，逃避挑战，拒绝成长，这也是优秀教师难觅的原因。

暑假如何读书呢？推荐三种方法。

一是深度啃读。用几周甚至一个暑期来研读一本学术著作。有一些书是你所教学科的奠基之作，攻克下这本书，对你重新理解教育教学有根本性影响，但这种书一般不容易在短时间内读懂，适合放在暑期读。比如，如果你为解读诗歌而发愁，可以利用暑期集中攻克王国维的《人间词话》；如果想提高数学教学水平，不妨研读乔连全的《基于问题解决的数学教学研究》。读这样的书，不求快，而求领会的透彻。用勾画、批注、摘抄、写心得等方式让阅读慢下来，聆听书籍的声音，与书籍展开对话以达到真正内化。

二是主题阅读。主题阅读是为了真正领会某一主题而购买与之相关的书籍集中研读。主题性阅读是从新手成长为专家最快捷的方法之一。有的知识，仅仅读一本书还不够透彻，还需要拓展阅读。我的习惯是穷尽所能，把相关书全部购买回来。好书之间是能相互打通的，阅读这本可以启发对另一本的理解，当你把某一类的书通读之后，就对此主题有了整体性的理解，而不至于盲人摸象。比如，我为了研究"演讲"这个专题，就在"豆瓣网"上查找有关演讲主题的好书，然后在网上一次性买了《高效演讲》《演讲的力量》《演讲的本质》《演讲的艺术》等书。虽然我对演讲的技巧不熟悉，但把这些书通读后，在大脑中就有了整体性领会。

三是专人阅读。在容易被手机控制的时代，要警惕碎片化阅读，这里读一点，那里看一点，貌似读得多，但不能培育起学术根基，是没有什么价值的。确认你欣赏的、曾经深刻影响你或能根本改变你的学术大家，穷尽办法将其出版和未出版的所有作品拿到手，用较长时间慢慢研读。在我的专业成长中，**魏智渊老师**是深刻影响我的人之一，我从 2008 年开始阅读他的作品，他发在网上的文章和出版的书籍基本上全部阅读过，有许多作品不止一次阅读。长期浸润，你对他的思想以及思想的演变有了深刻领会，对形成自己的写作和语言风格有至关重要的作用。现在，我正对另一个深刻影响我的人——朱永新老师的作品进行一次全部通读。

人生是一个短暂的过程，选择了当教师，就应努力在这一职业中找到安身立命之所在。通过阅读，保持一个大的格局和视野，持续不断地滋养生命，积累学术的厚度，永葆年轻时的好奇和勤奋，让自觉的内生力强大起来，这是教师阅读最终的真谛所在。

读书是"吃饭"，
不是"吃药"

　　近十年来，我在不同的学校发起教师专业阅读，也通过网络组织中小学教师在线阅读；我曾见证有的学校师生阅读如火如荼，读书成为师生一种自然而然的生活方式，也看到一些学校读书会萧条冷落、虎头蛇尾。我在新网师组织教师专业阅读，数千名教师被深刻唤醒，学习兴趣、职业认同等都发生了根本性改变；但也在一些学校经历了响应者寥寥、效果不佳的冷遇。

　　为什么同样是专业阅读，在有的学校风生水起，而在有的学校温冷萧条？原因固然是多种多样的，但从现实角度来看，存在以下几种因素。

　　（1）推动读书受形式主义困扰。有的校长只在"面子上"做文章，不在"里子上"下功夫，把阅读作为附庸风雅的炫耀，当成学校的应景门面、宣传招牌、招生噱头和参观亮点，热衷于做展板、登报纸、上电视、搞活动，不切实际地希望通过阅读短期内产生轰动效应——大面积影响，大幅度提高。在推动读书中，误把手段当作目的，投入人力物力开辟读书空间，购买书架、图书，张贴名言警句等，校长自己却很难沉潜到书籍中，给师生以榜样，很少真正组织、领导老师们读书。在推动读书中，误把过程当作终点，虽然积极组织阅读节、写读后感、阅读分享会等，但活动结束之日也是读书停止之时，活动本来是为了促进读书，却变为读书是为了活动，本末倒置。而且，越是难以沉浸到实实在在的阅读中，越容易从外在形式和手段上动脑筋、想办法，结果，南辕北辙，导致阅读成了一个食之无味、弃之可惜的"鸡肋"，成了组织者出力不讨好的烦恼，成了老师们抱怨的负担。

（2）推动读书受经验主义影响。有的校长和老师无意中把自身经验当作评判的绝对标准，只认可自己成长过程中经历过的事，对不熟悉、没经历过的事消极冷漠。一部分校长和老师（特别是学理科的校长和老师），对阅读不感兴趣，缺乏阅读习惯，更缺乏从阅读中受益的体验，于是，从内心对阅读的分量就看得很轻，虽然口头上也说阅读有用、支持阅读，但只是一种泛泛的姿态，而不是真实的想法。尤其是其中一些校长和老师还在当地小有成就，小有名气，思维更容易自我、割裂、狭隘、片面：容易把个体经验上升到绝对真理的角度，看不到阅读与教育教学之间的隐性关系，看不到阅读对于教师成长、课堂教学、学校管理等内在的滋养；狭隘地理解教育，把应试当作教育的全部，把当下的考分奉为学生成功的圭臬；片面理解需求，以为只做好应试就满足了家长和学生的需求，就完成了上级布置的工作。

（3）推动读书受实用主义影响。世界上的"用"分为"有用之用"和"无用之用"，实用主义者只看到"有用之用"，而忽略了"无用之用"。教师阅读大部分属于"无用之用"。一些校长和老师往往从实用主义出发，认为凡是与应考没有直接关系的事、当下效果不明显的事、不能大面积产生效应的事就是无用的事，误以为阅读是务虚、华而不实之事，是少数人的爱好。其实，阅读基于教师专业发展的内在需求，通过阅读，可以汲取精神营养，丰富学识素养，提升内在修养，更新陈旧观念，增进理性认识，涵养人格情怀，拓展学科知识，促进教学效果。只不过阅读的作用往往是隐性而潜在的，阅读是"吃饭"，不是"吃药"，效果显现需要时间而不可能立竿见影，很难以标准化和可测量的思维来衡量。开展阅读不能太有功利心，如果总是带着"近视镜"，手拿"名利尺"，只考虑实用，只关注眼前，只盯着能看到的，就有可能忽略更根本、更长远的东西。看不到效果，不等于没有作用；当下看不到效果，不等于未来没有效果；一部分没效果，不等于完全没效果。我主持的新网师之所以有魅力，根本原因就在于做了一些"无用"的事——研读经典，在这里学习似乎没有直接换来职称、工资、待遇、荣誉等看得见的利益，但恰恰让老师们重新学会了热爱：爱上了学习，爱上了教育，爱上了生命。"有用"常常是"无用"，"无用"可能恰是"大用"，这是人生的辩证法。

（4）推动读书受割裂性思维影响。读书虽然是一个单独的行为，但要做好，需要学校的系统支撑。许多老师有阅读的动力，但疲于应付繁重的日常工作和琐碎的家庭事务，没有闲暇时间，哪有精力读书？这就需要学校从系统的角度思考：整体规划课程安排，留出老师们阅读的时间，把读书与教研活动、开会整合，尽量减少形式化的工作，减轻教师的负担，给老师们"松绑"，等等。

针对推动读书，以上从学校等外部原因分析，当然，有的学校是单方面原因，有的是几个原因的叠加和混杂。

从读书会内部来说，应针对解决教育教学问题和读书者的学习基础来选择书籍，既避免盲目偏好通俗易懂的畅销书，也避免一味追求抽象深奥的经典书。从现实来看，读书本来就是少数人的行为，学校不要因为参与者数量少就降低标准，更不要因为没有规模效应就灰心丧气。阅读就有收获，坚持才有奇迹，读书有没有价值，能发挥多大价值，关键在坚持多久。推动读书会，虽然平台、方法、渠道、技术很重要，但最重要的还是发起者自身的实力，这是关键要素，有实力才有影响力和说服力。你能站多高，影响就有多大。最好的宣传不是脱离自身而向他人游说"读书好"，而是让自己因读书而优秀，因读书而专业，因读书而幸福，当他人向你探寻原因时，你说这是读书的作用。这才是最好的推广方式。

重新理解阅读

我参加一个班主任能力提升研讨会，一线教学的班主任们提了许多困惑，比如怎样控制学生使用手机、如何对待早恋，等等。其中一个班主任说："不要谈抽象的理论，多谈可操作的方法。"

我在总结中说，比"方法"更重要的是"理解"：我们如何理解理论？如何理解方法？理论和方法本质上是一体的，"行是知之始，知是行之成"，没有脱离理论的方法，也没有脱离方法的理论。方法有效与否既取决于客观情况，也取决于使用方法的人。彼时有效的方法此时不一定有效，他人有效的方法自己不一定适用。脱离客观情况和自我特长片面寻求"一招鲜"的绝招和妙招，这种思维方式可能就有问题。

方向比方法重要，"如何理解"比"如何做"更重要。有的年轻老师片面寻求管理学生的有效之策，岂不知，一切管理本质上都是自我管理，管好学生的前提是管好自己，自我认知的匮乏和专业能力的薄弱往往是学生问题的根源。很多时候，不向内反思提升自己，一味地把问题归因于外，不仅解决不了问题，还制造了许多新问题。

阅读，能加深理解，改变理解，重构理解。在今天，对阅读也需要重新理解，重新理解阅读对教师专业发展的价值和意义。

在中小学教师中，阅读存在五大误区：一是不重视阅读，二是浅阅读，三是不会读，四是知行分离，五是缺乏长久沉浸。

　　　　　　　　　　　　教师成长力：专业素养发展图谱

阅读对于教育教学真正有多少价值？那么多的书，该读什么呢？其实，这样问是很难有答案的。不妨换一种思考：我需要解决什么问题？当没有解决办法时，我该做什么？只有在这样的前提下，谈"阅读的价值"和"读什么"才有意义。太多的教师以"忙"的名义来遮掩对阅读的不重视。要求学生阅读的教师却不阅读，希望学生积极学习的教师却对学习不积极，这种现象并不稀奇。因为不注重阅读，许多教师止步于"经验型"而无法成为"专业型"，他们习惯依赖旧有的经验，慢慢滋生了心理惰性和保守心态，不喜欢变化，对新事物反感，削弱了应对新环境的能力。

什么是浅阅读？满足于读一些教学参考书、教学杂志、微信中的通俗文章等，很少阅读超出自身兴趣和能力范围却有重要价值的专业书籍。长期浅阅读，造成视野狭窄，思维凌乱，思考肤浅。深度阅读就要读经典，就要突破"舒适区"啃读一些有难度的、不喜欢阅读的书。试想，不阅读皮亚杰、维果茨基等大家的著作，不研究元认知、深度学习等理论，如何能真正领会学习的发生？不研究阿德勒的《儿童的人格教育》和埃里克森的《同一性：青少年与危机》，如何理解生命成长规律？不研究怀特海的《教育的目的》和苏霍姆林斯基的《给教师的建议》，如何理解教育规律？不研究《人间词话》《古老的回声》等书籍，如何理解诗歌真谛？当然，以上我仅是通过举例来说明阅读经典、啃读理论的重要性，而不要绝对化。

有的教师习惯于消遣性阅读，结果是读不懂经典。剁骨头不能用切豆腐的刀，阅读经典不能用刷微信的方法来读。如何啃读经典呢？举个例子，我在新网师带着一百多名教师啃读阿德勒的《儿童的人格教育》，首先确定用半年的时间来读，而不是用一天、一周或一个月。教师们每天要将阅读心得打卡，每个章节要画出思维导图，每次授课前要完成几千字的作业。我每半月组织一次在线讲座和交流，听完我的讲座后，教师们再次开始重读。一学期下来，学习认真的教师累计写阅读笔记近十万字。为了读懂这本书，还阅读了《正面管教》《自卑与超越》等相关书籍。最难走的路就是捷径，读经典就要这样啃读。

还有一种情况，有的教师喜欢读书，也读了不少书，但解决不了教室里的问题。原因是什么？知行分离。有的教师阅读的书籍与教育教学没有关系，有的教师没有把书籍上的知识在教室里"活"出来。教师专业阅读，根本在于升级认知、解决问题，脱离实际一味清谈阅读，也容易带来自我感觉良好的幻觉，进而迷失在文字的光芒中，让自己变得虚弱。

做成一件事，不论是进行一项教育改革，还是构建一个学习共同体，都需要一种内在的深刻领会。没有这种深刻领会，就容易肤浅、散乱、简陋。而这种领会又不是三言两语能表达清楚的，除了海量阅读，还需要时间、专注、沉浸、体验、顿悟，越急切，越浮躁，越难以领会。沉下来，再沉下来，从根本处着手，放在一个较长时间段中考量，"羞答答的玫瑰就会静悄悄地开"！

我从 2009 年开始参加新网师的学习，开启专业阅读，逐渐从学员成为讲师、执行院长，从一个从未写过一篇学术文章的中学教师成为今天出版几本著作的大学教师，十几年持续的专业阅读发挥了根本性作用。阅读虽然不一定能直接提供解决当下困难的具体方法，但可以提供一种理解，这种理解是一个人最内在的教育灵魂，是最根本的东西。在高度理解的基础之上，游刃有余的教育实践才有可能发生。

非常认同一段来自微信文章中的话："顶级认知能力的获取其实是免费的，因为它只会吸引少数能够理解它的人。这些人是最可贵的，他们投入的理解力和伴随着理解这些认知所付出的艰辛，其价值远远超过任何获取这些认知力的市场价格。人类最稀缺的，永远不是权力与金钱，而是理解。"

教师专业阅读是一个长期的修炼之旅，是一个与写作、实践融为一体的精进之路。要真正理解阅读，在根本处，还需要回答一个与阅读看似无关的问题：

我为什么要这样做？

这是一个涉及对世界、生命、此生之意义的问题，是一个可能需要一生来回答的问题，也是一个他人无法替代你回答的问题。

专业书籍读不懂，
怎么办

　　教师专业阅读存在一个普遍现象：读不懂有难度的专业书籍；许多有价值的书，读后感觉用不上，难以迁移到教育教学中。

　　原因何在？

　　大多数人关注阅读书单，但往往忽视读书方法。读书也是有方法的，大多数教师在应试教育中成长，不同程度受死记硬背、求同思维、求标准答案思维等因素影响，加之没有经过严格的学术训练，读书方法就停留在业余性阅读层面，而非研究性阅读。

　　业余性阅读是以获得资讯、满足休闲和消遣为目的的阅读。

　　业余性阅读主要表现为五个方面：第一，在书籍选择上源于兴趣多，基于需求少，偏重阅读畅销类的教育散文、教育经验或教学技巧，不愿意读有难度的专业书尤其是经典书；第二，阅读中聚焦局部多，关注整体少，往往是对某一句、某一段感兴趣，而忽略作品的整体主旨和架构；第三，泛泛浏览多，沉潜啃读少，很少前后勾连，反复揣摩，提取要旨；第四，潜意识中印证多，反思少，习惯用自己已有的知识或经验来验证文本，很少用书籍中的知识来反思修正固有的或显性或隐性的观念和行为。第五，阅读多，写作少，习惯勾画重点，但缺乏批注、总结和写读后感。如果仅仅是为了日常生活获得资讯和消遣，采用业余性阅读也没有什么影响，但如果是为了专业发展，那么，其局限性就很明显，就需要研究性阅读。

研究性阅读是通过对书籍的批注、梳理、批判，领会并内化知识的过程，主要表现为：

第一，带着"框架性问题"阅读。如袁茹锦在《化书成课》中提出"阅读五问"——阅读这本书的主要目的是什么？这本书的作者试图解决什么样的问题？深入学习这本书需要哪些信息作为基础？这本书基本的观点、假设或者原理是什么？阅读这本书将会对我的价值观产生何种影响？再比如，还可以提出：这本书是针对什么问题而写的？这个问题其他人是如何回答的？作者提出了什么洞见？作者的洞见对自己有什么启发？带着问题阅读，就是主动阅读，主动探究文本，主动与作者对话，主动与自我对话。

第二，咬文嚼字，潜心啃读。对于超出认知范围的有难度文本或经典性书籍，就得如啃硬馒头一样一点一点啃。朱熹说："须是一棒一条痕！一掴一掌血！看人文字，要当如此，岂可忽略！""看文字，须是如猛将用兵，直是鏖战一阵；如酷吏治狱，直是推勘到底，决是不恕他，方得。"艾德勒在《如何阅读一本书》中提倡"向既有的理解力做挑战"："只有一种方式是真正在阅读。没有任何外力的帮助，你就是要读这本书。你什么都没有，只凭着内心的力量，玩味着眼前的字句，慢慢地提升自己，从只有模糊的概念到更清楚地理解为止。"

第三，能迅速提炼、抓取文本的核心要点和主旨。阅读既要敲骨吸髓啃读，也要一目十行速读。犹如老鹰滑翔觅食，面对一堆资料，快速浏览，发现要点，摘录提取，为我所用。知识爆炸时代，不是任何书籍都值得啃读，也没有大把时间从容啃读，大部分书籍和文章速读即可。如果不会速读，容易沉陷在海量的文章中，被知识淹没。但真正领会了啃读，才能掌握速读。

第四，围绕一本书，选取相关书籍进行主题性阅读。书是"指月之手"，读书根源处，不是为了读懂某一本书，而是希望对某个重要领域或关键问题有通透的领会，进而改善实践。要达到这一点，仅靠一本书往往不够。比如，我之所以能掌握一些写论文的方法，是因为读了《不发表　就出局》《写作是门手艺》《批判性思维与写作》《写作即思考》《教育研究方法导论》《质的研究方法与社会科学研究》等书籍和大量关于写作方法的文章。如果仅仅读一本书是很难领会论文写作方法的。

以上是关于两种读书方法的区别。是不是知道研究性阅读的方法就可以了？从"知道"到"做到"还有"十万八千里"。

对于大多数一线教师来说，仅仅"知道"如上研究性阅读方法也难以"做到"。为什么？一是忙于日常工作，时间和精力不够；二是缺乏无法回避的挑战性任务的驱动。趋利避害是人的本能，大多数人除非迫不得已，不愿意走出认知"舒适区"。那么，面对实际状况和人的本能，阅读方法是不是就难以突破呢？也不是，现实中，有几种探索已经证明行之有效并对许多教师起到良好的效应。

一是加入学习共同体。与什么人在一起就会成为什么人，学习共同体对个体能起到唤醒、影响、督促、激励的作用。学习共同体分为线上和线下两种。比如，我主持的新网师就是一个在线专业学习共同体，全国数千名教师在讲师的带领下，每日啃读、持续打卡、定期研讨，日积月累，读了许多单凭自己不愿意读、读不懂的书，如《非理性的人》《教育的目的》《儿童的人格教育》《民主主义与教育》《中国哲学史》等。还有一种是由教育局和学校发起的教师读书会，比如山西省定襄县教育局教研室发起的教师读书会、黑龙江省尚志市希望小学组织的蒲公英读写社等，这类由行政力量发起的读书会，定期组织专业阅读，不定期邀请专家学者做报告，对教师阅读都起到很好的促进作用。

二是以教的方式来读。教，是最好的学。如果没有外在要求仅仅是自己读，往往一目十行，粗略了解，大略翻看，甚至半途而废。一旦有了教的压力，就不能只"知其然"，而且要"知其所以然"。为了讲清楚，会对每段、每句反复揣摩、沉吟思考，对文本前后联系，归纳要旨。前几年，我曾自发组织教师公益读书会，之所以没有报酬也能每周坚持推动阅读，主要就是我通过讲的方式，受益匪浅，收获颇多。

三是教师做课题研究。一旦做课题研究，就会根据目标任务和学术规范，遵循研究方法，查阅相关资料，撰写文献综述，追溯概念本源，了解学术前沿，有助于从业余阅读迅速切换到专业阅读。

第三章

一

写作驱动
专业发展

导　语

写作，是提升心智的重要途径，是深度学习的强有力工具，是塑造品牌最重要的能力。写作能提升观察能力、资料搜集能力、分析与论证能力和整合能力。良好的写作能力能够帮助自己清晰表达观点，以及观点之间的联系。写作暴露出的问题都可以解释为思维的问题。不重视写作的学习是低层次学习。认为理解了只是写不出来，是一种误解或自欺。写不出来，就是不理解。教师专业写作应少写随笔、感悟和文学性作品，多写教育教学反思、教育案例、教学案例和论文。专业写作，强调理解与反思，反对表现主义，强调客观呈现，反对追求修辞。不成熟的写作者表现自己，成熟的写作者分享洞见。让写作成为一种自然而然的工作、生活、思考的方式，是写作的显现与豁亮。

用追马的时间来种草

有老师给我留言，希望我能向报刊的编辑朋友推荐发表其文章，以增加学习积极性。非常理解这种愿望，因为我也跋涉过这样的心路历程。十年前，我看到魏智渊老师经常被报刊编辑约稿，文章经常见诸各种报刊，稿费甚至比工资都高，是多么艳羡而仰慕：我何时也能达到这种水平啊！那时在内心也特别希望能有伯乐把我的作品推荐给报刊编辑。

时隔多年，当我的作品也能经常见诸报刊时，终于渐渐领悟写作中真实的逻辑：不要去追一匹马，用追马的时间种草，待到春暖花开时，就会有一批骏马任你挑选。优秀的作品是生命成长的伴随品，是"额外的奖赏"。如果把作品比作水果，希望收获甜美的水果，不要一心想着水果，而要把主要精力用在培植果树上，果树繁盛，自然会生长出甜美的水果。

我并不是一个有写作天赋的人，缺乏写作所需的天马行空的想象力、见微知著的观察力等。所以，只能写一些散文而不会写诗歌，更遑论小说。如果说能写一些文字，也是兴趣与努力同在，必然与巧合交织。

我的写作史大体可分为三个阶段：第一阶段是从小学到高中的应试写作，第二阶段是大学期间的文学写作，第三阶段是参加工作以来的公文写作和学术写作。

（一）

　　和大多数孩子一样，我在小学到高中期间的写作主要是应试作文，读者只有语文老师，目的是获得高分数。在我记忆中，上学期间很少为写作而特别发愁过。小学三年级第一次写作文，老师让写一篇介绍自我的文章，我就轻松地完成了，开头和结尾用了问答体，与同龄人相比也算有创新。但从小学到初中，作文并没有多少突出之处。只是初中以前，我的阅读量比周围的同龄人要大，这一方面归功于我对读书有浓厚的兴趣，另一方面归功于父亲是语文老师，他在匮乏的年代给我提供了不少书籍。

　　我从小特别喜欢读书，每次到县城，最期盼的就是父亲带我到新华书店买书。但农村条件有限，能够读到和买到的书籍并不多，不像今天我的孩子，家里有海量图书可供随时阅读。我在小学期间主要看了不少连环画，以及《十二寡妇征西》《隋唐演义》等章回体小说，初中读了不少武侠小说，高中订了三年的《语文报》《辽宁青年》等报刊，读了一些名人传记。小学四年级暑假时，当校长的父亲从学校借来几十本《少儿百科全书》，我用一个假期就都看完了。那时家里白天没有电灯，也没有书桌，就在院子里读，常常一直读到太阳落山，父母多次提醒才作罢。读这些书似乎没有对我的写作有直接帮助，但无形中为写作积淀了比较厚实的"智力背景"。对写作有直接影响的是一些作文书，如《小学生作文选》《中学生作文选》，这些书构成了我最初作文模仿的范例。记得在高中时，得到一本《全国中学生作文大赛作品选》，与其他作文集不一样，这本书中的文章，内容有深度，结构精巧，非常吸引我，我就有意模仿。记得有一篇文章在结构上很有特色，文章分为几部分，每部分的小标题都是承接上一部分结尾的一句话而成，我就刻意模仿这种形式，还受到了语文老师的表扬。

（二）

初中以前的写作，一直处于蛰伏阶段，记忆中基本是空白。初次品尝到写作的乐趣是在高中，这要归功于教语文的赵兰舟老师。赵老师并没有教什么特殊的写作方法，但有一个习惯，就是每周日晚自习会在班上朗读上周评选出来的优秀作文。我的作文经常被赵老师在班上朗读，而且作文本上常有赵老师用红笔写下的大段欣赏、激励的评语。每次听赵老师朗读自己的文章，虽然表面装作平静，但内心幸福感和成就感爆满，这为写作增添了莫大的鼓励和动力。因此，我每次写作文特别用心，希望能够被赵老师选来朗读。写得用心，被朗读的机会就多，慢慢就成了良性循环。

而今回头来看，这种"被看见""被肯定"的写作动力，贯穿了生命各阶段。高中时的文章被老师朗读，大学时的文章发表在校报，现在的文章更是能通过互联网传播得更远、更广。对于一个写作还不成熟的人来说，如果没有这种"被看见"，写出来的作品只是藏在抽屉里自己看，估计写作热情就慢慢熄灭了。

其实，高中以前写的文章，只是略微比大多数同学稍微好一些，并没有什么特殊之处。然而这并不是必然，如果换作今天的时代，应该会更好。因为那个年代缺乏今天海量的书籍，也没有高人指导。我孩子今天的文章就比我当初写的好，因为她在中学阶段就读到林清玄、余秋雨、曹文轩等名家的精彩作品，能够在我的引导下阅读《苏菲的世界》《批判性思维工具》等有深度的书籍。吃的"精神食品"不一样，产出自然也就不一样。虽然我比女儿更喜欢读书，但她的阅读量还是比我中学时大，为什么？因为拥有的书籍多。

时代会深深刻写一个人，谁都无法突破自己的皮肤。

（三）

大学我上的是中文系，写了不少文学类的散文、杂文等，写作动机主要源于在校报的发表。大二时在校报首次发表文章，从此就一发而不可收。高中文章写得好，仅仅是老师朗读，而在大学里，第一次看到手写稿变成了铅字，非常开心，很有成就感。有一段时间，每期报纸都能看到自己的作品。那时对我写作影响比较深的是余秋雨、董桥等人的文化散文，记得有一次到北京游览了卢沟桥、北京大学，回来后就写了两篇散文，发表在校报上。后来我又成了校报编辑助理，开始写新闻、评论。也因为这段经历，参加工作后，做了几年校报主编。

虽然如此，大学期间的写作还是处于自发阶段。究其原因，一是阅读量不大，质量也不高，二是缺乏高人的指导。大学期间大量精力消耗在课外社团活动上，除了《穆斯林的葬礼》《平凡的世界》《乱世佳人》等给我留下一些印象，缺乏深刻锲入灵魂的书籍。

回头来看，贯穿于高中和大学期间的，还有另一种写作：日记和书信。高中写了五六本日记，大学写了百余封信件，记录了自己从少年到青年这一成长阶段真实而隐秘的心路历程。日记主要写给自己看，书信写给同学或亲人读，因为属于私密内容，所以更真实、真切，甚至更有文采。从荣维东的《交际语境写作》来看，它们具备了"话题、情境、作者、读者、目的、内容、文辞"七要素，更能代表写作的真实水平。我也认为，这类文字反而比公开的文章要写得更好。

（四）

用怀特海"浪漫—精确—综合"三阶段划分，上学期间的写作可谓是浪漫期，对写作充满好奇和兴趣，但没有完全领悟创作的内在规律。参加工作后开启了精确期的写作。准确地说，精确期写作是从参加工作十年后加入新网师开始的，前十年虽然教高中语文，但除了一些新闻稿件几乎没写什么有价值的文章，也没有阅读多少专业书。

写作的黄金期是2010年到2012年在海南五指山带领大学生支教期间。从那时起，我的写作发生了根本性转变：从过去文学性创作转变为专业性写作，过去是风花雪月文青式创作，而现在是逻辑严密朝向专家型发展的写作。过去阅读对象是文学爱好者，而现在的阅读对象是实习支教大学生和中小学一线教师。过去是为写而写，为了写作搜肠刮肚、冥思苦想，常常"为赋新词强说愁"，而现在是为实际工作而写，为表达观点而写，为剖析问题而写。加之当时因长期远离家乡客居遥远的海南岛，复杂感触时时涌动，"情动于中而形于言"。

在海南五指山，我一边在新网师深度阅读哲学、教育学、心理学等著作，一边在山清水秀的黎村苗寨指导大学生开展教育教学。生活处境的变迁，支教工作的挑战，深度阅读的沉潜，几项因素融合起来，创造了写作的最佳条件。我通过写书信的方式与大学生们交流，习作成了一种工作方式，甚至一种生活方式，一直影响到今天。

处境的变化引发了写作目的、内容的变化。从2010年到2016年实习支教带队结束，我的写作不论是数量还是质量都达到了一个高峰。也就是在这一阶段，我的文章开始不断见诸国内报刊，成为签约作者，直至出版专著。

（五）

为何能有一个写作高峰？

归纳起来，原因有四点。

一是有充足的时间。对于写作，时间非常重要，如果没有充足且自由的时间，很难充分酝酿，反复斟酌。

二是受到了魏智渊老师的影响。他的文章逻辑严密，富有文采，视野开阔，充满真知灼见，总能给我耳目一新之感。我收集购买了魏老师几乎所有的文章和书籍，反复阅读、推敲，确立了写作对标的样例。写作表面上是推敲文字，实质上与个人气质有关，不是任何人的文章都能模仿，你要模仿、学习与你气质相似、风格相近者的文章。

对于阅读，神话学大师坎贝尔曾说：

"读自己想读的书，且一本接一本地读……如果你觉得某个作者吸引你，就把他的作品全部读过一遍，这样会比你东看一点西看一点理解得更透彻，受益更多。读完这个作者的全部作品以后，你再进而读影响他的作家的书，或是读其他跟他有关的人的书。这样你的世界就会以一个有机的方式被构筑起来。"

对此，我深有体会，深以为然。

三是海量阅读和专业阅读。阅读丰富了认识，加深了理解，如果没有阅读为基础，所表达的观点老生常谈，人云亦云，言之无文，行而不远。

四是通过指导大学生工作，对教育教学达到了一种存在性领会。优秀的作品源于存在性领会，只有你深刻领会了，说出的话才有力量，才有感染力。

当然，"写得多"还不代表"写得好"。回头来看，实习支教期间的写作虽然达到了一个高峰，但缺乏对写作形式的酝酿和打磨，只因身在处境中，写作如火山喷涌，文字的温度和力量弥补了形式上的不足。

而今，写作正向精确期纵深处延伸，反而越来越感觉到不会写，对写出的文章也很不满意。当然，这也与处境有关，与哲学中所说的"存在"有很大的关系。

现在，我除了继续写教育类专业文章，还经常在单位写发言、致辞、总结、汇报等公文类文章，虽然这些公文都有比较固定的套路，但也引发了我对文章结构的思考：如何把一篇文章结构化？如何讲好一个故事？如何把一个问题讲透彻，让他人读得清楚？……

虽然天赋有重要作用，但任何精湛的技艺都不是轻而易举拥有的，写作亦如此。写作只能在写作中磨炼。2018 年，我开始给自己加压，每周写"一周观察"；2019 年又受马朝宏老师邀请，在《中国教师报》开辟专栏，每半月发一篇文章；我的微信公众号"啃读者"也加快了更新的频率；无论如何忙，每周都在常春藤读书会与老师们啃读经典……对自己狠一点，就是期望能在写作上潜心修炼，早日进入第三个阶段——综合期，从必然王国迈向自由王国。2020 年，我从单位辞职开始攻读博士，又踏入了一个比较陌生的领域——学术写作，这与过去的公文写作、文学创作又截然不同，更注重逻辑性、学理性和客观性，对自己的写作又一次提出了挑战。

回顾了我的写作史，还是回到新网师学员的留言。希望文章能发表是人之常情，但要实现这一愿望，首先要心灵深处有内在的需求；其次要向下扎根，向内修行。要成为一棵树，深深扎根于泥土中，历经风霜，潜滋暗长，在不经意的某一天，你定会发现枝头绽放，满树繁花。

一辈子学习写作

阅读难，写作更难。

也许这正是为什么大多数教师不擅长写作、不愿写作的主要原因。写作太消耗脑力和体力了，为了写一篇几千字的稿子，我常常在电脑前从黄昏枯坐到凌晨。然而，写作之于我，就如阅读一样，已成为生命中不可或缺的部分。里尔克在给青年诗人的回信中问："万一你写不出来，是不是必得因此而死去？"如果没有写作，我虽然不会因此死去，但生命一定会失去许多光彩。

我从小喜欢写作，印象中基本没有为写作而发愁过。这与我喜欢阅读、阅读量大有关，当然也可能有一定的写作天赋。大学之前是我写作的浪漫期，风格是"文学青年型"，"情动于中而形于言"，往往笔随思至，一气呵成，在校报上发表了不少散文、随笔、杂文。回过头来看，这种写作存在不足："诗"有余，"思"不足，辞藻华丽，貌似深刻，但逻辑不清，既不能真切感染读者，也没有传递出深邃的洞见，文章缺乏根本性的力量。语言的深度是思维的深度，语言的精确是思维的精确，语言的丰富是思维的丰富，文章没有穿透力和感染力，本质是生命缺乏真切的体验和深刻的领会。

参加工作后，写作进入精确期，主要是三种写作："公文型""论文型""实用型"。

学校领导经常让我写一些总结、方案、发言稿等，这种写作没有自己过多发挥的空间，要根据处境和目的表达特定的意图。写这类文章的体会：一是广泛阅读，查找同类材料和讲话稿，一篇篇剖析其框架结构、遣词造句，以及思维角度和认识高度等；二是反复打磨，结合领导的修改意见反复修改，直至满意为止。记得我写过一篇几万字的材料，一周时间昏天黑地修改了15遍才通过。写论文就更需要大量阅读、反复打磨了，先在中国知网下载、打印、通读十几篇同类论文，让主题和概念在大脑中丰满起来。阅读过程的确烧脑，但对写作能力的训练非常高效：目标和目的的界定，信息和数据的使用，概念和原理的剖析，观点和事例的搭配，总论点和分论点的逻辑，词与词细微的差别等，都是在这种反复揣摩和练习中才能被掌握的。

感触最深的是"实用型"写作，即为了解决实际问题而写作。这也是我最希望一线教师采用的。我在农村指导大学生实习支教，定期给他们写信；现在指导新网师教师学习，每周撰写"一周观察"。这种写作是为了做好当下事，将自己的观察、体会、心得写给特定的对象，起到总结提炼、指点迷津、叙事记录的作用。

写作有技巧吗？写作需要学习，当然就有技巧。写作的本质是清晰表达自己的观点，让他人读明白。要做到这点，就需要有技巧和策略，比如《金字塔原理》总结的"结论先行、以上统下、归类分组、逻辑递进"。但写作的技巧是苦技巧、笨技巧，需要你放弃休息、郊游、闲谈、聚餐等，静静地在电脑前大量写作、长期写作才能真正掌握并内化。如果指望看几个技巧、策略就能成为写作高手，那是天方夜谭。

写作如此苦，为什么还要写？

因为写作带来的收获非常丰厚，是其他方式很难替代的。

写作是思维升级之路。人与人的差别根本上是思维的差别，要突破固化思维，一种有效的方法就是像商人一样到大风大浪的社会实践中磨炼。

但大多数教师活动空间有限，工作内容单一，接触人群固定，没有那么多锻炼机会。怎么办？写作就是不依赖外界条件且较有效的方式。

写作表面上推敲的是语言，实质上锤炼的是思维。文章思路混乱，其实就是思维混乱；感觉明白但写不出来，实质还是不明白。写作暴露出来的所有缺陷都可以视为思维上的缺陷。经常写作会让思维更加清晰、准确，有深度、广度和逻辑性，让你在面对个人和世界的复杂问题时，能够合理、有效地分析判断。

在今天新媒体发达的时代，写作还是塑造自我品牌的有效方式。影响力就是你的品牌，是你宝贵的隐性财富。写作的效果是"一次表达，无数次传播"。经常在微信公众号、简书等平台上写文章，日积月累，五湖四海的人得以了解你并产生链接，你的影响力就会逐渐扩大。

要克服写作的枯燥与艰苦，需要一定的奖赏。奖赏就是激励，激励带来成就感。回想我的写作之旅，老师在班上作为范文朗读，后来在报刊上发表、出版专著、公众号上被点赞等，都是一种奖赏。

成熟的写作是分享洞见，不成熟的写作是表现自己。要进入写作的综合期，就要警惕被外在的奖赏和赞扬所异化，要向寂寞处探索，走向自己的心灵深处，走向生活本身和本源，如里尔克所言："要像原始人似的练习，去说你所见、所体验、所爱以及所遗失的事物"，"用深幽、寂静、谦虚的真诚描写这一切"。

这，需要用一生来练习。

用写作编织生命

她给我留下深刻印象，还是在 2019 年暑期，新网师在河南汝阳组织了一周深度共读，有一次聊天，她随口说了一句："新网师高端而纯粹。"这句话让我心有戚戚焉，找到知音的感觉。因为这正是我对共同体的定位，以及努力的方向。然而，真正理解的人可能不多。

后来，我对她在简书和微信公众号上的文章会多留意一些，渐渐发现了独特与不同。有一次报纸刊登了她的事迹，当地县委书记看到都被感动得做了批示。

不过，由于我日常事务太多，对她的文章大多浏览而没有详细阅读。

某天上午开会，中午读书，下午精力不够，就打开她的微信公众号，先读了几篇，读着读着，80 多篇文章不觉都读完了。通过这些凝固下来的文字，去感知、理解背后的人……

（一）

她的微信公众号签名是："分享教育故事，记录成长历程，过一种幸福完整的教育生活！"

文章主要分为两大类，一类是与工作相关的给学生、家长的信等，一类是阅读学习的记录。微信公众号是 2019 年 9 月 1 日创建的（之前用的是简书）。这天，她发出的文章是给学生的第一封信——《等风，也等你》。

看得出，这学期她接手了新的初一班级，班名：君子兰班。在这封信中，她引用了作家张晓风《我交给你们一个孩子》当中的一段话："当我把我的孩子交出来，当他向这世界求知若渴，世界啊，你给他的会是什么呢？"她接着写道："孩子们，老师定会用我们精湛的专业和全身心的爱来引领你们走向卓越！"

开辟公众号写作近 200 天的时间里，她在微信公众平台总共发了 83 篇文章（还有一部分文章，她发在了简书上面）。一个中学班主任，除了代课带班，平均 2 天写一篇文章。敬佩！

敬佩的远远不止于此。

在一篇文章中，她对寒假做了一个总结，我摘录一些数据吧。

写作：寒假以来，公众号发文 28 篇，字数为 28000 左右；简书阅读记录 33 篇，字数为 76000 左右；新网师过关作业，字数 14000 左右；2019 年度生命叙事，字数 8500 左右。

阅读：精读 4 本专业书，《人是如何学习的》《任务型语言教学》《第五项修炼》《改什么？如何教？怎样考？》；泛读 2 本，《慢船去香港》和《2018 年中国短篇小说精选》。

听讲座 10 场，主持全国班级联动 1 次，参与联动话题讨论 1 次。

义工：参与新网师的义工服务，担任"构建初中英语理想课堂"课程组组长，收到学员邮件 71 封，回邮件 200 多封。审阅了 49 篇年度生命叙事，阅读量 30 万字左右。

工作：英语直播课堂 27 节，班会课 2 节，团课 1 节，家长会 1 次；致家长的信 2 封，体温健康信息汇总表格 2 个，疫情防控工作制度 9 个；负责的七年级工作在马校长的指导下有序开展，制定了统一的年级课表，召开了 1 次班主任会议和备课组长会议；负责的校团委工作完成了"青年大学习"2 次。

　教师成长力：专业素养发展图谱

细读文章，才知道她还负责年级组和团委的管理工作，在学校是中层领导。

很奇怪她的时间从哪里来？

我发现了两个细节：在给学生的信中，她多次提到"此刻是凌晨五点多"；微信公众号发文时间，最多的是在深夜 23 点以后，还有一部分是早晨 8 点以前。

《水浒传》中的拼命三郎石秀是为他人打抱不平而拼命，新网师中的她是为工作学习而"拼命"。我虽然也经常工作学习到深夜，但我不是中学一线教师，我曾经在高中、初中教学过，知道一线教师的工作量，换作我，很难做到如她这样投入和"高产"。

但如果仅仅是这些，还不能"完全"打动我。因为在新网师，如她一样求知如渴的学员，还是有一批的，如：马增信、郭筠筠、刘玉香、王辉霞、王宗祥、董艳、刘玉雪、何刚等。这还只是我知道的，还有许多我不了解的。

（二）

在她撰写的 80 多篇文章中，引起我深思的，是她写给学生的信。4 个月共 12 封，差不多每周一篇。

我知道很多老师也写作，有的点评时事热点，有的书写散文诗歌，有的畅谈教育体会，有的宣传课程书籍，有的感喟教育现象，有的记录教育故事。在这些写作中，有的能获得流量，有的能赢得商机，有的能获得名誉，有的能陶冶性情，有的能总结经验。

但写作中主要记录自己学生的故事，给学生写信，并不多。

给学生写信，记录的是班上普通学生和班级"鸡毛蒜皮"的小事。如果从点赞关注量来看，价值极小，但对于学生的成长意义重大。再过几十年，这些信件对学生将是珍贵的资料。我们经常看到李镇西老师给过去的学生拿出曾经的信件，学生是如何感动。

在第 6 封信中，她写道："我看了大家的月考反思，每个人都在深刻地反省自己，比如王润清同学、李靓楠同学、李帅同学、刘文卓同学、李青宇同学、薛杰声同学、袁梓罕同学、芮修平同学等，都提到了周末对手机的使用问题——假借学习的名义，聊天、看视频等，老师非常感动于大家的这种勇于剖析自我、勇于责己的精神。"

第 8 份信中，她写道："你们书写英语，都在朝着电脑阅卷的标准字体（衡水体）靠近。……你们在内心中与语文安老师、数学李老师的距离也越来越近了，因为我翻阅了你们每天上交的日记，欣喜地看到了你们对两位老师的接纳和信任。"

这样的信件，读者有限，点赞不多，目的只有一个：通过文字的方式对话、交流，潜移默化地影响学生。我指导大学生在农村实习支教时，也曾给写过信，感同身受。

她写这些信件的动力从哪儿来的呢？

在第 9 封信中，我找到了密码："我在读大家的日记的时候，忍不住都落泪了。这就像小王子在到达地球后，看到五千株和自己的玫瑰一模一样的玫瑰后，感到沮丧和失望，但在驯服狐狸后，小王子发现了自己玫瑰的独一无二。小王子对那五千株玫瑰说：'她单独一朵就比你们全体更重要，因为她是我浇灌的。因为她是我放在花罩中的。因为她是我用屏风保护起来的。因为她身上的毛虫是我除灭的。因为我倾听过她的怨艾和自诩，甚至有时，我聆听她的沉默。因为她是我的玫瑰。'是呀，因为你们都是我'驯养'和'浇灌'过的玫瑰，所以，在我心中，你们胜过其他的千朵万朵花儿！"

她所有信件的落款都是：你们的班妈。

当你真正像小王子"驯养"玫瑰一样来关爱孩子们时，孩子们是能感知到的。马东旭在回信中说："亲爱的班妈，快期中考试了，我们的压力和任务都很大，体育考试后也明白了自己的体能不好。您为我们操碎了心，但我们能为您做的，只是考一个好的成绩。"

身教胜于言教。当你将自己学习的真实状态展现出来时，对学生的影响胜过一万句说教。吴金格回信写道："班妈，你在家里还那么努力，这就是你成功的原因，你都在努力，我们还有什么借口偷懒？"

（三）

对于教师写作，新教育与很多培训的要求不同，特别强调与实践相关联，强调客观呈现，反对追求修辞。

新教育主张师生共写随笔：通过教育日记、教育故事等形式，记录、反思师生日常的教育和学习生活，相互编织有意义的生活，促进教师的专业发展和学生的自主成长。

这种写作，也是新教育"缔造完美教室"的重要方式之一。通过彼此的书写，师生共读共写共同生活，真正形成了一个学习共同体，让教室远离了冷漠和专制，散发着润泽与温馨。通过书写，教室里没有被遗忘的角落，没有被忽略的生命，每个孩子都得到特别的关注和重视。通过书写，师生一起擦亮每个日子，为校园生活的每一天增加幸福和充实。这，正是她的信件价值之真正所在。

（四）

人到中年，工作20年，心灵慢慢变得不再脆弱、敏感，很少能被打动和感动。但在阅读她的文章中，心灵渐渐柔软，被触动，心生敬意。她，就是新网师学员，河南省南阳七中的殷德静老师。

写作的八个要素

对于写作，不同的作家总有一些自己独特的习惯。

比如巴尔扎克写作前习惯喝十几杯咖啡；海明威写作时，为让句子和篇幅尽量短些，习惯站着写，修改时才坐下不厌其烦地精雕细刻；安徒生则喜欢在森林里构思他的童话……

咱不是作家，更不是名家，只是日常有所感，偶尔习惯用文字记录下来。字码得多了，也慢慢总结出一些个人的写作习惯。

如何才能写出一篇文章呢？

一是安静的环境。

这些年越来越感觉到环境对写作、对学习的重要性，很多时候，就因为缺乏适宜的环境，白白荒废宝贵的时间。写作最怕分心，所需环境不一定很舒适，但要相对安静，使人身心完全放松，能不受任何干扰地沉浸在冥想中。我努力试验了很多次，最终还是认为家里不是写作的好环境，因为在家里，哪怕轻微的响动，细小的物品，都会引起注意，这就干扰了思绪。在家难免一会儿收拾家务，一会儿该做饭了，一会儿孩子进来打扰等，很难保证思维的连贯性。

咖啡厅、下班后（或者周末）的办公室是写作的好环境。咖啡厅虽然不是很安静，但这些响动与己无关，也就不会牵扯注意力。办公室除了办公用品，也没有多余之物，所以也适合写作。前些年之所以能在海南写下那么多文字，环境也是主要因素之一：在五指山支教时，没有家务牵累，没有杂事干扰，人际交往也很单纯，住的宿舍一桌一椅一床，更是清清爽爽。在那样的环境里，你想何时写就能何时写，你想写多久就能写多久。

二是充足的时间。

也许有的人写起来思如泉涌，下笔如神，但我没有那样的天赋，除了偶尔的一气呵成，大部分文章总是构思半天，写写停停，写完再改，中间还不免要查一些资料。在写不下去的时候，或者冥想一会儿，或者喝水休息，或者刷刷微信放松，往往两千多字的文章需要好几个小时。所以，时间一定要宽裕、充足。如果时间急迫，还要忙着做其他事，根本就不可能静下心来构思创作。假期和周末我常待在办公室，就是因为场所安静，时间充足，能沉浸到思考中。

三是契合生物钟。

写作对脑力的消耗非常大，过去年轻体壮时，随时可以写，对生物钟的要求不是很明显。但现在不行，身体或精神状态不佳时，很难投入到写作中。就我而言，写作最佳时间是早晨或者上午，此时大脑神清气爽，思维敏捷，身体精力充沛，能量十足。而中午或者下午身体困乏，很难集中注意力冥思苦想，就不适合写作。晚上夜深人静的时候也适合写作，但前提是白天不要太累，否则，身体困乏，精力不济，也无法聚精会神。

四是播放音乐。

写作需要一种氛围，需要一些灵感，合宜的音乐能创设一种静谧、闲适的氛围，能让内心很快平静，激发灵感。但选择什么样的音乐还是很有讲究。不播放歌曲，要播放纯音乐。乐曲中，曲调太激越、太忧伤、太欢快的都不适合，都会影响干扰思维。我习惯在写作时播放赵海洋、石进弹奏的钢琴曲。听着舒缓、优美、轻柔的钢琴曲，内心瞬间安静。除此以外，雅尼的音乐也喜欢。

五是要及时。

创作是有"窗口期"的，产生创作欲望，想一吐为快时一定要及时动笔写下来，这时写往往一气呵成，文脉通畅，酣畅淋漓。一旦错过"窗口期"，大脑就恢复了平静，原先激荡的文思所剩无几，如果勉强写，就为写而写，思路艰涩，文词干瘪，即使写出来也苦涩乏味。之前组织"翼起玩"活动时，每每为同伴的付出而感动，一直有写作的冲动，但事务太多，精力不济，还想着等闲下来再写。现在闲下来，当然也能写，但原先那种喷涌而出的感觉已经衰减了许多。

六是大量阅读。

通过阅读，积累素材，刺激思维，学习技巧。很多时候，为了写一篇文章，先收集相关内容的书籍和文章，集中持续阅读，在阅读中不断与书籍和自我对话，等大脑中汇聚诸多纷乱想法，有表达的冲动时，打开电脑，极速敲下来，就能写出一篇文章。阅读是输入，写作是输出。就像牛吃草一样，吃进大量的草，才能挤出少量的奶，要输出一篇短短的文章先需要输入大量的书籍。这一点也符合"冰山理论"，阅读相当于海平面下看不到的巨大冰山，写出的文字是海平面上冰山一角，没有大量阅读的支撑，就很难创作出文章。爱人过去不理解这点，会奇怪："你说是写文章，但不见写，而是在读书。"我撰写研究生毕业论文时，导师要求大量阅读文献资料，也是这个道理。

七是经常写。

写作也是一门技术活，三天不练手生。写作，越写越能写，越写越会写，越写越想写。反过来，越是不写，越是不会写，越是不想写。许多个人的微信公众号，保持着频繁的更新速度，王开东甚至达到"日更"，就是这个道理。要达到如此效果，除了精通写作技巧，先要对生活进行取舍，还需要有夫妻相处技巧和常人不具备的毅力。你想，有多少伴侣喜欢对方整天不做家务而在电脑前敲字？

八是活得精彩。

简单总结列举了一些自己的写作习惯。其实，从根本上，文章是水，生活是源。文章与生活有紧密关系，活得精彩，才能写得精彩。王国维把诗人分为主观诗人和客观诗人。"客观之诗人，不可不多阅世。阅世愈深，则材料愈丰富，愈变化，《水浒传》《红楼梦》之作者是也。主观之诗人，不必多阅世。阅世愈浅，则性情愈真，李后主是也。"对照这个标准，如果把作家也分为主观作者和客观作者的话，我才气不足，灵气没有，勉强可以说是客观作者。

正是卷入激荡的生活中，才不断激发探索真理、洞悉世界、思考人生的好奇心。正是秉持刚健进取、勇猛精进的生活态度，才为一枚落叶，一缕清风，一弯明月所感发；才为屋檐下的雨滴，台阶上的青苔，小巷中光滑的青石所触动；才在夜深人静时敲下这些稚嫩的文字……

写作能力
源于天赋还是训练

有的老师对写作有一些认识上的偏差。比如认为：写作靠的是灵感，写作是一种先天的天赋，写作高手可以一蹴而就、轻松地写出来。

其实不完全是这样子的。所谓的灵感，是源于长期沉浸思考而产生的一种顿悟。所谓的天赋，主要是源于成长过程中所受教育差异而慢慢形成的一种偏好或者特长。除非顶尖高手，一般人能够一蹴而就写出来的是一些短平快、质量不高的文章。作家在常态下写作的确比一般人要好要快，那是因为长期训练提升了本能反应。但是，如果想要写出一篇有思想、高质量的文章，作家也是一定要经过精心构思、反复打磨。

上一篇文章有 2000 多字，我构思了三天才动笔的，白天没有写完，晚上接着写，一直写到深夜十一二点，第二天早晨起来又一直写到中午。我的一个体会是：文章一定要修改。我有一个写作习惯：如果不是很着急，晚上写完的文章，第二天早晨起来再修改。每一次修改都会弥补一些，有时候甚至会推翻重写，是一次新的创作。还有的时候，我会把文章让爱人读一遍，让她指出文章中哪些地方有问题。每一次她都能提出一些我认为值得修改的地方。

写一篇文章，就像生了一个漂亮的孩子，我们总是迫不及待地想抱出去给别人看看。如果这样急于求成，哪怕是高手，也难以做到尽善尽美，何况我们是初学者。如果不反复修改，很难写出满意的文章，写作能力也不容易提高。

　　文章要围绕一个核心点来写，不要太散。比如，我在评论新网师老师的生命叙事时，基本是围绕一个核心点来写：我在点评马增信老师的生命叙事时，围绕的点是至暗时刻和关键选择带来的顿悟；点评王辉霞老师的生命叙事，围绕的点是用工作与学习编织生命；点评周娟老师的生命叙事，围绕的点是从优秀走向卓越。所以，每写一篇文章就要思考：这篇文章如果用一个词概括，是什么？用一句话概括，是什么？整篇文章就围绕这个点来写，不要散开。

　　写文章要往深度挖。举一个例子，我点评马增信老师的生命叙事，叙事本身已经很详细，也很打动人。如果我再重复，或者从文章里边选择一些原话，就是在"炒冷饭"，没有新意。如何才能写出新意呢？往深度挖。

　　怎么才能够挖出深度呢？有几点体会：一是写心理细节，我努力还原在至暗时刻、与死亡凝视的时刻，他内心的惊恐和顿悟后的认识。二是想象读者阅读后的反应来写，读者读了马增信老师的文章会有怎样的体会呢？我努力去还原并分析。三是文章要有点理论根基，点评马增信老师的生命叙事时，我就增加了博尔诺夫关于危机对于成长的价值的阐释。很多时候，对一个事件和问题的认识，是一个人综合素养的体现，源于多年的行走、阅读和思考的积淀。我的一些认识也是基于我多年的阅读，特别是哲学方面的。

从每日打卡开始

边读书边想，对于新网师，在未来较长时间内将存在一种现象：老学员越来越认同，而新学员越来越难以在较短时间内了解，这个过程也必然伴随对共同体的误解，这是避免不了的代价。

为什么老学员会越来越认同？

因为我们所秉承的价值观念，坚持的学习路径，传授的根本知识等，将在其生命长河中逐渐发挥作用，并越来越凸显。而且，这种作用是在岁月中积淀而成，是他人很难通过技巧等方式短期习得的。

为什么新学员越来越难以尽快理解呢？因为，要真正理解共同体的具体要求和知识，需要放在一个概念框架中。对这个框架的理解，需要时间。而且，新网师是一个不断进化的"生物模型"（不是物理模型），这个框架也在不断丰富中。这就造成了新学员理解的困难。

举一个例子。

要理解共同体的课程、制度、规则、要求，需要放在以下概念编织的框架中：怀特海的"浪漫—精确—综合"认知规律，苏霍姆林斯基的教育学循环，皮亚杰和维果茨基的认知心理学，存在主义哲学，王阳明的"致良知"，博尔诺夫的教育人类学，杜威的教育思想，佐藤学的教学思想等。

为什么知识必须在框架中才能理解呢？

这是《人是如何学习的》这本书提出的一个重要的观点。这本书提出了关于学习的至关重要的三条原则：

1. 学生带着有关世界如何运作的前概念来到课堂，如果他们的初期理解没被卷入其中，那么他们也许不能掌握所教的新概念和信息，否则他们会为了考试的目的而学习，但仍会回到课堂之外的前概念。

2. 为了发展在探究领域的能力，学生必须：（1）具有事实性知识的深入基础；（2）在概念框架的情境中理解事实和概念；（3）用促进提取和应用的方式组织知识。

3. 教学的元认知方法，可以帮助学生通过定义学习目标和监控达到目标的学习过程，来学会控制他们自己的学习。

关于这三个原则，我在授课中曾详细讲述。这里只是联系第二点中的"在概念框架的情境中理解事实和概念"。

这是什么意思呢？

举例来说：你要买一幢房子，要理解房子的价值，仅仅观察房子是无法理解的，必须放在一个"概念框架"中，即房子在什么城市、在城市的什么位置、所处社区周围的环境如何等。房子的价值高低主要取决于所处的位置，而不是其本身的面积和建筑材料。

我在微信朋友圈发过一段话，强调了阅读打卡的重要性，一位新学员留言："阅读与打卡真的有必然的联系吗？打卡者一定阅读？不打卡者一定没有深入阅读？"

孤立地看，这位老师的疑问有道理：有的人不阅读，为了打卡而打卡是无意义的；有的深入阅读，也不是必须通过打卡显现。

但这位老师显然没有理解阅读打卡的价值，因为她不理解背后的概念框架。阅读打卡背后的概念框架有三：一是"浪漫—精确—综合"三阶段认知规律；二是学习共同体的建设；三是写作在学习中的价值。

第一，如何放在"浪漫—精确—综合"三阶段中理解阅读打卡呢？从专业阅读的培养过程来看：只读不写，是浪漫阶段；既读又写是精确阶段；综合阶段，上升回归到只读不写。对于新学员来说，大部分停留在"只读不写"的浪漫阶段，所以，就需要提倡"既读又写"（阅读打卡），进入精确阶段。如果大家都如李镇西老师一样的水平，那就不必专门要求每天阅读打卡了，因为阅读写作已经成为一种自然而然的生活方式。

第二，对于建立一个学习共同体来说，需要彼此了解，知道彼此在做什么，想什么；需要彼此对话，相互点评学习所得；需要相互鼓励，见贤思齐，向榜样学习；需要有一种仪式感，每天固定时间做一件事。打卡，就是为了彼此了解，彼此对话，彼此鼓励，进而克服惰性，增进对学习共同体的认同感，在其中感受到温暖、信任、帮助和鼓励。

第三，从写作的价值来说，写才是精确思维的真正开始。读懂了但写不出来，就是不懂。写不清晰，就是思维不清晰；写得缺乏逻辑，就是思维缺乏逻辑；写得不条理，就是思维不条理。攻读硕士、博士能不能毕业，就是看你能不能写一篇论文。看似要求简单，但你要真正写好，就代表达到了一定的水准。对于大多数一线老师来说，读得少固然是事实，但不会写是更大的问题。反过来说，写也会促进阅读，为了写一篇硕博论文，背后得读多少本书啊！

这是以阅读打卡为例，说明要理解新网师需要放在一个概念框架中。

那么，既然这个框架短时间难以理解，该如何办呢？很简单：空杯心态，接纳要求。怀疑是学习的最大成本。不要因为过去没见过就轻易怀疑，不要因为暂时不理解就轻易怀疑，不要因为短暂学习而没有效果就轻易怀疑。

许多新学员刚加入时，会不理解共同体的"繁琐"和"无情"（只给了厚厚的《一册通》，就没人指导了），这也是因为缺乏一个概念框架。这个概念框架就是：新网师不仅是教授知识，更重要的是发展教师的独立学习能力，让每一个生命朝向自由（哲学意义上）。离开他人的指导，就无法读懂文本，这就是没有独立学习的能力；没有外在的奖赏或惩罚，就不行动，这就是不自由。阅读了刘冬敏老师的打卡，我认为，她显然理解了这一点。刘冬敏老师在写作业的过程中，不仅梳理了知识，而且独立通过百度搜索等方式，学会了编辑排版，掌握了技术，"加快了主动学习的步伐，也拓宽了自我学习的广度"，更重要的是在这种独立探索中，增长了探索未知的信心和勇气。

由此，我不禁想起《非理性的人》中关于基尔凯戈尔的一段描写：

一个星期天的下午，他照例坐在哥本哈根菲勒利克斯堡花园里叼上一支雪茄，考虑着许许多多事情，他突然想到他自己还不曾成就过任何个人功业，而自己周围随便什么地方像他这般年纪的人，却都出了名，成了颇有声望的人类恩人。

说他们是恩人，那是因为他们的一切努力都旨在使人类生活得更安逸一些。他们或是在物质方面建造铁路，汽船，电缆；或是在智力方面出版通俗知识的易读文摘；或者在精神方面向大家表明思想本身何以能够系统性地使精神存在越来越容易。

基尔凯戈尔的雪茄燃尽了，他就接着点上另一支，他沉湎于连续不断的沉思。他想到既然每个人到处都在忙于使事情容易一些，或许也需要有人使事情变得更难点。现在生活已变得这般容易，致使人们滋生了重新召回困难的想法，而这可能就是自己的事业和命运。

重新召回困难，也是我们的事业和命运。

写作的微洞见

（一）

人的发展，本质是思维发展。写作，是提升心智的重要途径，是深度学习的强有力工具。良好的写作能力能够帮助自己清晰表达观点，以及观点之间的联系。写作暴露出的问题都可以解释为思维的问题。不重视写作的学习是低层次学习。认为自己理解了，只是写不出来，是一种误解或自欺。写不出来，就是不理解。

（二）

写作进阶的开始不是方法，而是心态。对于初学者，能写就是成功，完成比完美重要。对于有基础者，需思考：我为什么要写？我写给谁？我希望对方阅读后有什么收获？对于高水平者，需思考：我对分享的观点真正理解吗？我对读者了解吗？

（三）

练习表达方法、遣词造句、文辞语言等技巧，对于提升写作能力也需要，但只是如此练习，一辈子也写不好。

写作水平的高低，核心是思考力的高低。思考的高度、广度、深度及前瞻性才是决定文章水平的关键。思考力不是坐在那里苦思冥想来提升的，思考力取决于一个人的输入，即阅历和阅读量。所以，提升写作能力的三个核心要素：输入，思考，输出。

（四）

清晨，站在阳台上，闻到淡淡的清香，遍布校园的桂花开了。一粒粒小米似的淡黄色的花蕊，散发出一股股沁人心脾的香气。

虽然一直写文章，但学术论文写得不多。

从随笔型、文学型向学术型转变，难度不小，本质是重塑大脑，是在与大脑的惯性作斗争，用一个新模式替代旧模式。

从知网下载了几十篇论文，从图书馆借了《专业学位论文写作指南》，每天早晨首先想的就是：读论文。

也许，正是在做一些超出目前能力范围的事，探索一些未知边界外的东西，学习才真正发生。

（五）

很多人说，写作难，写了也没人看。首要原因是没想清楚写作的目的是什么。是为兴趣，成为作家，还是获得第二份收入？目的不同，效果不同。如果只是有兴趣，边写边看，肯定很难坚持下来，大多半途而废。靠兴趣能入门，凭训练才能提升。写作的能力是训练出来的，是靠不断模仿、反复修改，不想写也逼着写"自我折磨"出来的。

（六）

对复杂事物的认识是一个在对话交流、思维碰撞中，从混沌到清晰、从浪漫到精确反复循环的过程。保持开放心态，吸纳各方建议，尤其是不同看法，尤为关键。

开会讨论了《有效教学框架实施项目书》，重新明确"是什么""为什么""怎么做""谁来做""如何评价"，对第二稿大幅度修改、增删。这是一个正常的过程。

凡是经常为单位写材料、报告的，都会有一个体会：领导们不断讨论、商榷，彼此观点可能截然相反，之前肯定的后面会否定。"八稿九稿不算稿，十稿回到第一稿"，这反映出认识和理解是一个反复循环非线性过程。

删减部分不是没有价值，不是做了无用功，而是放在这里不合适，但也要保存起来，将来某一天，或另外之处还会用到。

（七）

教师的专业写作，少写随笔、感悟和文学性作品，因为这是不专业的表现。

专业写作，强调理解与反思，反对表现主义；强调客观呈现，反对追求修辞。专业写作，是写反思、教育案例、教学案例和论文。

（八）

晨读《批判性思维与写作》，一本值得共读的书，作者是吉林大学法学院的博导，其公众号也广受关注。

读书，要读一些受过学术训练，有广阔视野和深厚学术素养的作者写的书。这也是专业阅读的要义。

今天，学校对批判性思维重要性的认识，还远远不够。长期以来的教育体系是以"传递知识"为核心，而当下社会与过去发生巨大变化，培养能分辨知识，有创造性思维、创造性能力的人成为国家的迫切需求。教育仅仅着眼于传递知识，已经无法满足社会需要。

许多老师的自学，也只关注知识而忽视批判性思维。思维是学习知识、辨别知识、理解自我、理解世界的"中央处理器"。思维不升级，个人成长很有限。

（九）

如何快速提升写作水平？

不是多写。多写是必要（而不是充分）条件。写得好肯定写得多，但写得多未必写得好。也不是学写作方法。没有深度体验，方法只是抽象的概念。

最直接的方法是模仿。

写论文，就模仿一篇高水平论文；写综述，就模仿一篇高水平综述；写叙事，就模仿一篇高水平叙事……

在模仿的基础上，再学写作方法，再多写。

（十）

易小霞说："观点是文章的大脑，逻辑是文章的骨架，材料是文章的肉体，语言是文章的外貌。写文章，观点大于逻辑，逻辑大于材料，材料大于语言。"

（十一）

易小霞说："1. 用所有字写一件事，才能让所有人记住一件事。2. 蜻蜓点水，无异于谋财害命。文章无重点，不聚焦，就是不尊重读者。3. 唯有力透纸背，才能深入人心。文章的框架、材料、语言都要聚焦核心，避免节外生枝。4. 如果词不达意，请你撕掉重写。"

（十二）

提升写作的学术含量。

常见的写作，大体可分为：

1. 感悟类，读一篇文章或听一个讲座后的心得体会。

2. 故事类，通过讲自己或他人的故事表达一个道理或观点。

3. 经验类，讲自己曾经的经验，印证或表达一个观念。

三类文章背后的共同写作思路是"我觉得""我认为""我断定"，有表达缺思辨，有观点缺学术。

如何提升学术含量？

1. 从日常现象中提炼出真问题。

2. 归纳分析前人对此问题的看法和见解，弄清楚观点有哪些，每个观点成立的条件是什么。

3. 在前人研究的基础上提出自己的见解。

（十三）

写"一周观察"是团队的工作方法，如何写"一周观察"是思维方法。思维方法是分析问题的方式，工作方法是解决问题的手段。思维方法不对，工作方法很难正确。

开会、培训、打卡是工作方法；开会讲什么，培训如何组织，打卡写什么，关系思维方法。

思维方法，关键是从实际出发，避免主观主义，不能自以为是；避免经验主义，不能路径依赖；避免本本主义，不能机械照搬书本知识。

要了解实际，就要多调查、善分析。深入分析事物内部的各种因素，以及各因素间的关系，找到现象背后的真问题。

（十四）

写作难，修改难。为何难，难在哪里？

叙事，不是单纯记录发生了什么、做了什么，而是要对所发生、所做之事有反思。重要的不是事，而是对事的解释。

事，不仅包括成功的，还包括不满意的、困惑的、半途而废的、失败的……

读者可从对事的反思和解释中汲取成长的"营养"。

如何才有高质量的反思和解释？取决于以下几点因素：

丰富的人生阅历，有效的理论工具，广博的阅读积淀。

一线教师人生阅历相对简单，但可以从后两方面弥补。所以，修改叙事，前提不是呆坐在屋内苦思冥想，而是大量有目的的阅读。

（十五）

写论文的感悟：

1. 与演戏一样，总想着别人如何看待，写出的文章就不自然了。

2. 写作环境非常重要。一要安静，无嘈杂声音；二要简洁，极简主义，物品越少越好。

3. 一天尽量保证至少 10 小时不被打扰的时间。

4. 带着问题疯狂阅读。如海盗一样搜寻，如翠鸟一样敏捷。

5. 就如盖房子，先搭框架，把心之所想全部写出，反复打磨，精心"装修"。

6. 一月交稿，能写一月；一周交稿，能写一周；一天交稿，今天就能写好。

（十六）

准备给国培班老师做一场关于写作的讲座。

颇为踌躇的是，是该侧重写作方法，还是写作动机？

如果讲写作方法，需要分析案例，解剖一只"麻雀"；如激发写作动机，需讲故事，用故事感染人。

写作方法有价值，是我所愿，但听起来相对枯燥、烧脑；写作动机价值不大，但听起来轻松，现场效果好。

许多学术讲座要求参与者提交论文才能参加，其实就是为了保证大家都是有备而来，都能有收获，这样做是有道理的。

做学问，如总是浮躁、功利，就很难扎进去，很难真正有所得。

（十七）

不成熟的写作者，写作是表现自己；成熟的写作者，写作是分享洞见。

分享洞见时，我们会深入事物的肌理，条分缕析，让原本遮蔽的东西被看见。

（十八）

知识内化是需要时间的付出且进展缓慢，而你"看到"进步的时间更是远滞后于学习的时间。比如，你认真阅读了很多经典、进行了很多写作，但你写作能力真正突飞猛进的时间可能发生在这些努力的一两个月甚至一年后。

（十九）

早晨看文档数据，"早安新网师"写了80天，有1万多字，基本够一篇C刊论文的字数。这都是用零碎时间写的，没觉得有什么压力。反思论文写作，二者虽不可同日而语，但也有启发：长期主义，项目化思考，化整为零。先不必规定太多，如果每天写500字，一个月写好初稿，再用半个月打磨。那么，一个半月，一篇论文就出炉了。关于自我管理，关键是将专业写作常态化、生活化，就像每日健身、听音乐一样自然而然。当不以为是压力时，就真正强大了。

（二十）

提升写作能力，可以先从写好一段话、发朋友圈起步，但不能只限于构思一段话。

写一篇文章与写一段话，在谋篇布局、整体运思等方面，差异还是很大的。

这就如打篮球，三人制半场打得再好，也不代表能打好全场。

（二十一）

参观苏州博物馆时，大部分游客对建筑的兴趣似乎超过了藏品。

这是贝聿铭在中国内地仅有的三个作品之一。仅博物馆一个作品就让国人皆知其名，而国内数以万计的建筑，有多少人知道设计师是谁？

要体现实力，奠定行业地位，赢得同行认可，必须用作品来证明。作品不在于数量多，而在于质量精。

马拉多纳、刘翔也不是常胜将军，但能成为体坛"霸主"，皆因曾创造"神话"，有经典"作品"。

写文章，亦如此。

IV

第四章

—

反思促进
生命觉醒

导　语

教师成长的关键在于反思。教师反思存在两种情况：一是习惯把问题合理化，缺乏反思；二是由于缺乏"解释框架"或专家的指导，没有异质性思维的介入，反思只是停留在表面或单个维度，导致低效反思。有效的反思需要与行动结合，实践既是反思的目的，也是检验反思的工具，思而不行，就只是虚无渺茫的念头。参加学习共同体能促进反思，独自思考很难突破个人认知的局限性，萝卜汤炖萝卜，炖来炖去，一个味道。名师是反思性实践者，自我赋能，主动学习，善于琢磨，在对自己经验和实践反思的基础上，建构起个人的实践智慧，形成自我独特的教育教学风格。提高反思能力的关键是具备批判性思维，能依据事实与逻辑，审慎反思、省察自己与他人的认知方式、固有观念，从而克服认识缺陷，修正错误观念，提出新的理性解释和客观判断。

恐慌与精进：
校园求学与职业嬗变之旅

我是一名70后，回顾40多年人生路，能够从山西省武乡县一个小山沟里走出来，人生第一个重要的转折点和"加速器"就是武乡一中。

（一）

1993年，我考入一中，高一在108班，高二分文理科转入109班。三年高中生涯，非常幸运地遇到了以李景林和周京亮老师为班主任的优秀教师团队。李景林、周京亮、赵兰舟、宋小平、王珍祥、石晋华、史名扬、史丽琴等都是教学水平高超且高度负责任的优秀教师。一个人在成长期能遇到良师，是可遇而不可求的事，是一生之幸运。要知道在今天，多少家长为了给孩子寻找良师，跨城择校、购买"学区房"、托人找关系……

高中阶段有许多场景刻骨铭心，终身难忘。

109班是全年级唯一的文科班，有80多人，暑期补课时，教室里热得如烤箱。我天生怕热，坐在教室后排，穿着背心，拿着毛巾，大汗淋漓，不停擦汗，哪能全身心听课。周京亮老师看到后，主动询问，把我从后排调到第一排靠窗户的位置，能吹上凉风，才静下心来投入学习。

周五是作文课，赵兰舟老师在周日的晚自习上会朗读优秀习作，我的文章经常被赵老师作为范文来朗读，极大激发了我写作的兴趣和自信心。为了能让赵老师朗读，在写作时就非常用心。今天，如果说写作也算自己的一点长处，与赵老师的朗读表扬分不开。

高三每次月考后，周京亮老师都会分批与优秀学生谈话，分析不足，给予鼓励。当我和其他学习优秀的同学被周老师一起请到家里谈话时，内心产生强烈的暗示和动力，感觉到老师是把我当作高考成功的潜在对象来对待和培养的，因此信心倍增，更加刻苦。这种做法正符合了教育学中的"皮格马利翁效应"。

高中时，学习时间虽然紧张，但我阅读量还不小，三年订阅了《语文报》《辽宁青年》《青年文摘》《读者》等报刊。青少年期自发的阅读不仅丰富了高中期间的精神生活，培养了阅读与写作的基本素养，也在人格中埋下了理想情怀、奋斗精神的种子。特别是通过阅读《周恩来传》《毛泽东传》《丘吉尔传》等人物传记，那些伟大人物的奋斗历程、格局胸怀，潜移默化地对自己的精神追求产生影响。而今，我与中小学教师交流，希望重视童年和青少年时期的阅读，不仅有理论的支撑，也缘于自己的切身体验。

（二）

我现在的研究领域是教育学。教育学的研究对象是人，研究人的身心发展规律以及影响成长发展的因素。

影响人发展的关键因素是什么？

教育专家叶澜认为，基因、童年、家庭、学校对人的发展有影响，但都不是决定性因素，而是可能性因素，影响发展的决定性因素是人的思维认识和行为活动。同样的处境和条件，你是积极进取还是消极埋怨，你是不断尝试还是止步不前，不同的理解和选择产生不同的结果。积极的心态和行动会创造良好的环境，良好的环境又会激发人更努力、更积极。人就是在如此内外因素综合影响下螺旋式循环发展提升的。反之亦然。

1996 年，我首次参加高考，没有达到本科线，只达到了专科线。原本想复读，但因为父母的坚持，我在极不情愿的情况下上了忻州师专。没办法，这也是一个人无法超越家庭影响的宿命。当时，情绪非常低落和消极，恐怕人生从此失去精彩。

心理学家阿德勒说："影响人成长的不是环境，而是人对环境的个体性理解。"遇到逆境和挫折，你是把它视为"拦路虎"，还是"垫脚石"？是把它当作唯恐避之而不及的麻烦，还是磨炼自己的契机？不同的态度将决定不同的行为和结局。

记得开学报到，我站在忻州师专破旧的大门前，暗自想：这是一所四流大学，但我一定要在四流的大学成为一流的学生。否则，只能说明自己无能。

大学里，我没有荒废时光，除了刻苦学习专业，还参加了篮球、演讲、舞蹈等课外活动，担任体育委员，当选为学生会干部、广播站站长，多次策划组织了文艺、远足等各种社团活动。1998 年，共青团山西省委联合山西省教育厅、山西电视台组织"首届山西省大学生青春风采展示大赛"，全省每所高校推选一名大学生参赛，我作为忻州师专的代表参赛。专科三年，我自修了本科课程，师专毕业一年后，拿到了山西师范大学的本科毕业证；大学期间，我加入了中国共产党，毕业时被山西省教育厅评为"全省优秀大学毕业生"。记得毕业收拾行李时，看着厚厚的一叠红色证书，心里想，我基本兑现了入学时站在校门口的诺言。

（三）

毕业后没几年，我辞职应聘到一所民办公助性质的高中，20 多岁的年龄，除了有充沛的精力和对工作充满好奇和激情，也有是否能在单位站住脚的恐慌。在这所学校六年时间，我全身心投入工作中，除了吃饭和睡觉，其余时间不是在教室就是在办公室。工作的认真和业绩赢得校长无限信任，先后让我担任班主任、团委书记、校报主编、年级主任等职务，从高一到高三教了两轮，带出两届高三毕业生。回头来看，那段时光，学校提供了难能可贵的施展才华和充分锻炼的平台，但受限于各种条件，没有走向专业学习的道路。六年时间，除了读过些教学参考书、教学杂志，没有阅读过一本专业书籍，没有写过一篇专业文章。在民办高中，我度过了职业生涯的新手期和胜任期，但没有进入专业期。更遗憾的是，当时没有考取研究生进修的念头，否则，可能不必人到中年，还抛家离子校园求学。真是"少壮不努力，老大徒伤悲"。

之后，当我调入到一所省重点高中时，专业知识的匮乏、专业能力的虚弱就显现出来了。那段工作变动的磨合期也是失去自我的恐慌期。与高手如林的同事相比，自己的课堂教学乏善可陈，考试成绩无法突破，职业倦怠也随之而生。但本领恐慌也会孕育新的可能。非常幸运，在我职业瓶颈期、30出头的黄金年龄偶然遇到并加入了由全国政协副秘书长、民进中央副主席、当代教育家朱永新教授发起的新教育实验，在国内顶尖学术高人的引领下，就此开启了十余年的专业修炼，对教育职业的理解与认同也发生根本性变化，从起初把教师作为养家糊口的职业，变为一生奋斗的事业，乃至是一种信仰的志业，人生走向也就此开始转折。

斯蒂芬·茨威格在《人类的群星闪耀时》中写了这么一句话："一个人生命中的最大幸运，莫过于在他的人生中途，即在他年富力强时发现了自己的人生使命。"

对此深有体会。

（四）

在省重点高中工作三年后，我进入一所本科师范院校工作。

此后十年时间，我主要从事受到国家领导人、教育部认可并推广的师范院校人才培养模式改革项目——扶贫顶岗实习支教。从 2010 到 2016 年，我先后带领 3000 余名大学生在海南省五指山市的黎村苗寨和山西省原平市的 100 多个乡村实习支教。

进入大学工作，同事都是博士、硕士、教授、副教授等。作为一个中学老师，本领恐慌再次出现。为此，我没有仅仅停留在完成学校赋予的工作任务上，而是在条件极其艰苦的环境中一边专业学习，一边创造性开展工作。

我在新网师跟随学术高人专业学习，从一名普通学员成长为讲师，先后讲授"语文研课"和教育学、心理学、哲学方面的课程；出版了两部教育专著《给青年教师的四十封信》《改变教育的十二个关键词》，在《中国教育报》《中国教师报》《教师博览》等报刊发表文章 40 余篇；考取山西师范大学研究生，取得了硕士研究生学位；累计进教室听大学生授课 600 多节，写了几十万字的听课记录；组织大学生专业阅读，筹建乡村学校图书馆，开展儿童阅读、亲子共读。

专业学习换来"额外奖赏"：我连续被学校考核为年度"优秀教师"，先后获得"山西省'创先争优'优秀共产党员""忻州市特等劳模""扶贫顶岗实习支教 20 年标兵""中国教育报 2017 年度'推动读书十大人物'"等荣誉称号；被推选为中国陶行知研究会理事，被《教师博览》《中国教师报》聘为特邀作者和专栏作者。

回头来看，能在专业上有一些突破，原因主要有以下几点。

1.十年如一日践行新教育实验提出的教师专业发展"三专"模式——专业阅读，站在大师的肩膀上前行；专业写作，站在自己的肩膀上攀升；专业交往，站在团队的肩膀上飞翔。

2. 有幸得到朱永新、李镇西等学术高人的指导。没有高人的指导，仅靠自己的努力很难突破自我认知的局限和环境的束缚，而且，很难保持持续的努力。

3. 阅读与写作相结合。阅读是输入，写作是输出。阅读带动写作，写作促进阅读，二者交织促进了知识的积淀和认知的升级。

4. 知行合一。"纸上得来终觉浅，绝知此事要躬行。"教师成长所需知识分为显性知识和隐性知识，书本上只能学到显性知识，实践中才能学到隐性知识（波兰尼称之为"缄默知识"）。教育是一件实践性非常强、对经验高度依赖的职业，仅靠读书而不实践，无法成为真正的教育专家，无法成为问题解决高手。

（五）

"却顾所来径，苍苍横翠微。"

因为一颗不甘平庸的心，因为一次次的本领恐慌，在毕业后的十多年里，我先后经历了从乡村初中、民办高中到省重点高中、本科师范院校的变化过程，以及进入体制、跳出体制又进入体制的波折历程。

2020 年，我又从大学辞职，考取苏州大学博士，师从朱永新老师攻读高等教育学博士，从事教师专业发展的实践和研究。人到中年，把过往清零，重新面对充满不确定性的未来。

"雄关漫道真如铁，而今迈步从头越。"对自己来说，从实践型向学术性转变，也是一个巨大的挑战，又一次面临能力恐慌；读博上课，看到同学已是 95 后，老师是同龄人时，心理上的感受也是很复杂的，我自知需要快速调整。

但我知道，不疯魔，不成佛。

挑战自我，是生命拔节成长不能回避的必由之路。

别让舒适区
成为"沦陷区"

"走出舒适区"是当下一个时髦的说法，但究竟什么是舒适区，为什么要走出，如何才能走出，以及走出舒适区有哪些误区？

下面与大家谈谈这个原理，以此引起我们对日常思维和行为的反思，从而达到促进专业成长的目标。

什么是舒适区

舒适区是一个心理学概念。出于固有习惯、观念、行为方式、思维方式和心理定势，每个人都有属于自己的心理舒适区。在处理这个区域范围内的事务时，往往得心应手，驾轻就熟。

比如，早晚刷微信朋友圈，每天按照固定的路线上下班，长期生活在一个方言区，与老朋友到熟悉的饭店约个饭局，阅读喜欢的书，习惯听别人夸奖自己，做自己拿手的菜等，都属于停留在舒适区。

将此概念进行迁移，有信息舒适区、阅读舒适区、写作舒适区、思维舒适区、社交舒适区、饮食舒适区、身体舒适区、环境舒适区等。人的生活需要舒适区。因为处在舒适区，我们对这个世界才有了安全感和秩序感，为我们节约了身体能量和认知成本，能腾出精力做更有挑战性的事。学习，某种程度就是不断扩大舒适区的范围，把不舒适的变舒适。

为什么要走出舒适区

人的成长需要走出舒适区。经济学上有一个"边际效益递减规律"。当其他投入要素的量保持不变时，如果一种投入要素不断地等量增加，则在超过某一点后其产品的增量会越来越小。举一个不太恰当的例子：一个和尚挑水吃，两个和尚抬水吃，三个和尚没水吃，就是如此。要警惕"舒适区陷阱"。思维和行为长期停留在舒适区，容易滋生惰性，贪图安逸，机械重复，故步自封，生命失去活力，很难有创造性。

（1）避免陷入信息舒适区。如果日常主要刷微信朋友圈、今日头条等"信息快餐"，持续躺在舒适区里寻找共鸣，读那些"有趣"的信息，吸收的信息虽然多但"同质化"，相当于无形中筑起了一道自我孤立禁锢的信息藩篱，无法增进破解现实问题的智慧。

（2）避免陷入阅读舒适区。如果长期偏好某一学科、某一类型的书籍，就容易助长精神上的"偏食症"，看似不断吸收知识，却是盲人摸象，只顾一点，不及其余，难以把握事物的全貌和事理的本质。

（3）避免陷入交际舒适区。如果只喜欢与某一个小圈子交流，只习惯与某一行业、某一阶层的人交往，久而久之，容易视角惯性、立场固化、视野窄化、认知僵化。偏执于一池春水的精彩，却可能忽视了浩瀚星空的壮阔。

（4）避免陷入饮食和身体舒适区。比如偏食，只爱吃某一类型食物；迈不开腿，稍微气喘就不想跑步。日积月累，饮食结构不合理，身体缺乏锻炼，免疫力下降，病毒就会乘虚而入。

以上都属于其他要素不变，不断投入一种要素，而造成边际收益递减。

如果只是收益递减，问题还不算严重，就怕长期陷入舒适区，"温水煮青蛙"，习惯和满足于某种环境及行为方式，对环境或时代趋势逐渐发生的变化和蕴含的危险缺乏应有的感知和警惕，等惊觉到外界发生变化时，已经深陷其中难以改变自身。

从舒适区到学习区

惟其艰难，方显勇毅；惟其磨砺，始得玉成。个体成长的过程，就是从舒适区到学习区的历程。

美国心理学家诺埃尔·蒂奇提出一个学习区理论。他认为每个人的学习，按其能力和所学习知识的难度，可分为三个区：舒适区、学习区和恐慌区。

如果所学习的知识对你来讲没有难度，或者你轻易就能学会，这时你正处于心理轻松的舒适区。如果所学习的知识超出你当前的能力范围太多，你会感觉心理崩溃，甚至感到恐慌而放弃学习，就处在恐慌区。

介于两者之间的是学习区，指所学习的事物对你来说有一定的挑战，你可能感觉心理不适但又不至于太难受，且通过相应的努力可以达到目标。这就是维果茨基所说的——最近发展区。

学习的最理想状态是经常处于学习区，学习的事物应具有适当的挑战性。这样，学习区就会慢慢变成舒适区，由于个体能力的增长，恐慌区也会慢慢变成学习区。

为何难以走出舒适区

走出舒适区意味着摆脱生活处境或环境的束缚和影响，意味着改变自己多年形成的习惯，意味着反本能，与自我的惰性、习性对抗。

弗雷德蒙德·马利克在《管理成就生活》一书中说：

"我并不认为人们无法改变自己。如果真心想改变，是可以做到的。

但是，这种情况十分罕见，而且只有在特定情况下才可能发生，最可能的情况是遭遇巨大不幸且承受一定的压力，很少是因为意识到自己的不足而去改变。只要生活和工作一切如常，就没有人觉得需要去改变，尤其是在需要付出巨大努力的时候，就更没有必要去改变了。"

走出舒适区，第一个障碍是自我观念：我为什么要走出舒适区？这样不是已经很好吗？在这一层面，许多人就止步，并习惯自我辩护，比如"比上不足比下有余""当下就很好""其他人也是这样""岁月静好""平平淡淡才是真"等。第二个障碍是坚持，做一次或几次简单，但长久坚持就不容易。除非已经成为习惯，否则，很容易半途而废。

走出舒适区的前提

走出舒适区的底层逻辑有两点：一是元认知能力，二是成长型思维。

没有元认知能力，难以觉察自身思维之不足。缺乏成长型思维，往往会放大先天遗传基因的作用，习惯拒绝挑战，逃避困难。元认知能力实质上是对认知的认知，是个体对自己的认知加工过程的自我觉察、自我反省、自我评价与自我调节。

对于"什么是元认知能力"，知乎作者谢春霖分析得很清晰：

原来你的大脑运行方式是这样的：

发生了事件 A → 你有了反应 B。

如果你的元认知能力被激活了，你的大脑又是如何运行的？

发生了事件 A → 你有了反应 B → 我为什么会有反应 B？反应 B 是对的吗？ → 好像 C 是更适合的反应 → 于是，你有了反应 C。

你有没有发现区别？

你的大脑开始有了"纠错机制"，在你的大脑里竟然出现了两个甚至

　　　　　　　　　　　　　教师成长力：专业素养发展图谱

更多个声音，他们在互相辩论、彼此说服，而你自己就像是这场小型辩论赛的裁判，观看着这场争斗，最终选择获胜的那位"选手"，做出符合"他的结论"的反应。

元认知就是"我思故我在"中的"我"，就是控制你大脑的那个真正的大脑，元认知让思维可见，让潜意识变成显意识。

举个例子：在教育中有一种现象，我们称之为"优秀是卓越的敌人"。有的老师幸运地进入当地中小学名校任教，几年时间，凭借自己的才华和汗水，获得优异的应试成绩，再加上能上好公开课，发一些论文，进而顺利获得了高级甚至特级职称，成为当地区域小有名气的"名师"。但如果缺乏元认知能力，缺乏对自己成长路径、理论水平、认知结构的客观评价，以及对教育本质、教育规律的自觉性探索，就容易"小富即安"，路径依赖，很难放下"身段"，清空自我，就会止步于优秀而无法抵达卓越。

以上谈的是元认知，下面谈谈成长型思维。

为什么要有成长型思维？

具备成长型思维的人认为，任何能力和技能都可以通过后天努力而得到发展。固定型思维的人认为，人的特质和能力都是天生的，依靠后天的努力无法改变。

你可能会说，先天遗传很重要啊，潘长江后天再努力，身高也无法达到姚明的高度。话没错，但看问题有点片面。潘长江虽然达不到姚明的高度，但经过努力，与原有身高比，还是会有变化的可能性。

心理学家阿德勒说："影响人成长的不是环境，而是人对环境的个体性理解。"如果你认为自己能改变，就会全力以赴，结果就有可能改变；如果你认为自己无法改变，就会放弃，结果也就确实不会改变。所以，有一句意味深长的话：不管你怎么认为，你都是对的。

走出舒适区遭遇的往往是挑战、磨难、压力，乃至挫折和失败。只有具备成长型思维，才喜欢挑战，拥抱变化；才喜欢探索新事物，在困境中不断寻找机会；才能锲而不舍，钻之弥坚。

走出舒适区的策略

有效的方法是刻意练习。走出舒适区，某种程度是改变已经习以为常的思维和行为习惯，很大程度是反本能。如果不刻意练习，很容易心动而不行动。

刻意练习四原则：目标，专注，反馈，挑战。（1）有清晰的目标，能制订计划，能分解目标；（2）保持专注，尽量集中精力，不要有走神的空间；（3）获得反馈，找到导师，知道做得对还是错，错在哪里；（4）不断挑战，不断打破纪录，但又在"最近发展区"。

别成为学生
成长的"天花板"

我观摩分析了几节中学语文课，发现了几点共性不足：学生缺乏真实的思考，没有真正理解文本。课堂要么气氛沉闷，要么虚假"繁荣"——对教师的提问，学生或者猜谜一样随口回答，或者简单照搬参考资料上的解读。

以《蒹葭》为例，教师让学生用想象的方法分析诗歌意境，这很难触及《蒹葭》的魅力之源。学习诗歌固然需要想象，但前提是准确理解。比如，在诗歌中"柳树""月亮""鸿雁"等意向都有特定的含义，如不理解，想象可能就是瞎想。想象还需要搭建"脚手架"，比如提一个"白露、霜、秋水与诗歌中寻求者的心情有何共同点"的问题，就比单纯要求学生想象更适宜理解，缺乏这样的"脚手架"，学生很难突破认知局限。

学生难以真实思考，根源是教师缺乏文本解读能力，提不出真正有价值、有意义的问题。教师在备课中简单参照教学参考书或其他资料的解读，课堂上面对学生的真实困惑就捉襟见肘，只能照本宣科。

评课时，我谈了自己的教学设计，在扎实落实基础知识的前提下，抛出了一系列问题。一个教师提出：教学要考虑学情，不能好高骛远，片面追求高度和深度。

这个观点具有代表性，也有合理性，但需要进一步辨析探究。

维果茨基曾有一段非常深刻的反思："教学总是应该与儿童的发展水

平相一致，这是多年的经验所确定的，也是反复检验过的毋庸置疑的事实……但是，只是在前不久才注意到，在我们试图确定发展过程对教学可能性的真实关系时，我们不能只限于确定发展水平……以已经完成的发展阶段为目标的教学是无所作为的，它不会带来新的发展过程，自己只会在发展的尾巴后面爬行。最近发展区学说和老观点不一样，它使我们可以推出一个相反的公式：只有跑到发展前面的教学才是好的教学。"

然而，语文教学滞留在学生发展的后面。教师主要教的是学生借助参考书都能自学会的知识，是许多学生感觉语文课索然无味的主要原因之一。

教学要着力于"最近发展区"，"最近发展区"是在教师的指导下创造、开辟出来的。维果茨基明确说："儿童在成年人指导和帮助下演算的习题的水平，与他在独立活动中便能演算的习题的水平，二者之间存在差距，这个差距就是儿童的最近发展区。"由此可知，理想的课堂应该是教师通过有价值的提问、典型案例的分析等，开辟一个新的认知领域，使得一个仿佛原本不存在的领域全新地出现在学生面前。

"给学生不能教太深的知识"，这句话隐藏的潜台词是：教师理解得深，只是担心学生接受不了。而真相是，许多教师自身就没有透彻领悟。教师通透了，学生就容易明白。我曾带领一群小学六年级孩子，每天 6 小时、连续 20 天共读《苏菲的世界》，孩子们读得兴致盎然。有教师问我有什么妙招，其实，重要的不是妙招，而是教师对这本书有透彻的领悟。教师真正领悟后，就知道如何把抽象的哲理与儿童生活融会贯通，让其领会。我曾在运城国际学校观摩小学五年级学生学习不加标点的《世说新语》，我曾带领一帮小学生 10 天时间共读《批判性思维工具》……我的体会是：学生发展的高度取决于教师专业水平的高度。

教师要警惕自己成为学生成长的"天花板"。

从我个人成长来说，从教前十年基本只阅读参考书和浅显易懂的教学类杂志，结果越读越糊涂，越教越困惑。如果不是十年前"脱离学习基础"开始沉潜研读哲学、心理学、教育学以及学科理论书籍，对教育的理解和认同很难有根本性改变。

　　未来世界充满变化、复杂性和不确定性，教育要培养适应未来世界的优秀人才，就要塑造学生的健康人格，发展学生的批判性思维、决策能力、问题解决、自我调整等高阶认知能力和沟通与协作等社会技能。这对教师的专业能力和职业素养提出了更高的要求。

给大脑安装"纠错机制"

老师们经常聚在一起就某个教学现象讨论，你问我答，侃侃而谈，气氛热烈，但仔细分辨，大多是陈述、澄清乃至辩护自己的观点，很少听到对自己观点的反思，特别是对支撑自己观点的深层次观念进行怀疑，仿佛是天经地义不需要商榷的。

比如，谈到减少家庭作业、加大课堂练习的话题时，有的老师认为这样会稀释了语文的人文性，却很少反思：什么是人文性？语文教学中如何呈现人文性？人文性与工具性的关系是什么？一节课是否必须同时兼有人文性和工具性？

再比如，谈到随着学段升高小学生两极分化的现象越来越严重，当追问背后的原因时，许多老师不假思索地归因于家庭、家长素质。但一定全然如此吗？

缺乏对自己观点，乃至深层次的观念进行反思，是教师专业能力提升缓慢的重要原因之一。

魏智渊曾说："大家都在纷纷说'我认为'，但很少有人思考'我'从哪里来。"

在一个微信群里，几位家长在聊"考上 985 高校是否能改变人生"。我谈了一个常识性观点，一位家长说"我不同意"。其实，对方不是不同意，而是不理解。

我们每天在思考，但很少对"思考"进行思考。大脑每天都在处理听觉、视觉、触觉等感官传送来的信息，经过分析得出结论并转化为行为。但我们极少对大脑这个"中央处理器"进行怀疑，仿佛"中央处理器"中的"程序"是天然正确不需要讨论的，是最客观公正的。

未经训练的大脑所"安装的程序"主要来自经验，是非理性的。

英国物理学家、思想家戴维·伯姆在《论对话》中有一段话非常精辟："人总有各种各样的看法、意见或观念，它们均源自于你的经历，包括你的道听途说。概括地讲，它们是你以前思维的成果和结晶。认清这一点非常重要。你曾经历的所有一切，都被深深地烙入了你的记忆之中。你的种种看法、意见或观念已经与你浑然融为了一体。当你的意见受到质疑时，就会不由自主地为自己辩护。但是，这样做有道理吗？""所谓你的意见或看法，其实不过是你自己的思维假定，仅仅出自于你自身的经历而已。"

当把"我的观点"和"我"完全混为一体时，所谓的教研，就只有"表达""辩论""争论"，而很难有真正的"对话"了。

因此，我们应认识到，大脑这个"中央处理器"如果没有自觉的"审查"意识，会充斥太多的偏见、误解。以未加"审查"功能的"中央处理器"来处理信息，是教学研讨争论而无"果"的主要原因，也是人与人之间误解和矛盾产生的根源。

比如，同样的一句话，有的人听了舒服，有的人听了不舒服。同样看到笑脸表情包，传递者表达的是微笑，看到的人可能感觉是不屑一顾。同样的两个字"呵呵"，写的人也许表达的是"哈哈"，看到的人也许感受到的是"无语"。

某种程度而言，教师专业发展的起点，不是做"加法"，而是做"减法"；不是先考虑增加多少知识，而是剔除多少偏见。我们应对大脑中许多似是而非、模糊不清的知识进行辨析，对惯常以为不需要讨论的潜意识进行梳理和清理。否则，学习也会患"偏食"症：学得越多，偏见越深。

说到根本上，教师专业能发展多高，取决于自己的元认知能力。元认知能力，即对自己思考过程的认知与理解。大脑是一个处理信息的器官，人用大脑控制手和脚，也需要用元认知来控制大脑。

有了元认知能力，相当于给大脑安装了"纠错机制"，自己的思维过程被自己"看见"，在处理外界信息时能产生不同的"声音"，而且，能分辨哪种"声音"是正确的，让大脑按照正确的"声音"去处理。

能控制大脑的那个真正的"大脑"，才是本质的理性的你，才是笛卡尔所言"我思故我在"中的"我"。

对大脑进行控制，是为了建构知识结构合宜的大脑。法国人文主义思想家蒙田说："一个构造得宜的头脑胜过一个充满知识的头脑。"在今天这样一个知识大爆炸、获取知识非常便捷的信息化时代，每个人无需过多努力就能吸收到纷繁的信息。我们匮乏的已经不是知识，而是将知识有意义地链接起来，能够形成一个处理信息和知识的框架、系统、结构。

有没有这个结构，正是专家和新手的主要差别。比如，顶尖象棋高手之所以能同时对弈几十人，就在于他的大脑中储存有丰富的棋局、棋谱。所以，新手下棋只能看到孤立的信息，而高手是整体感知，结构化处理，一眼看上去，不仅能看清当下的局面，而且能预测出合理的"走法"。

如何发展元认知能力？一是走出"自以为是""孤芳自赏"的"井口"，增强反思意识，对教育中习以为常的观点进行怀疑，对教学过程中的目标、内容、组织、教学策略、师生互动等各个环节进行新的思考和探究。二是透彻理解关键概念和专业术语，对其内涵外延有清晰的界定，对其来龙去脉有深度领悟。正如写论文，首先要分析概念的内涵，概念不清晰就使用，相当于把楼房修建在沙滩上，地基不牢靠，房屋就不结实。三是找到相关领域的高人并建立关系，谦虚向他学习，不要因为一时听不懂就沮丧而放弃。四是找到最适合解决当下问题的书，认真读，反复读。找到这样的书并不容易，你可以向高人请教，有助于迅速确定适合当下读的书。

学习是手段还是目的

2018年，我批阅了新网师500多名中小学一线教师写的累计近200万字的年度生命叙事。

经过层层选拔加入新网师的教师，大部分是不甘平庸、自觉追求成长的一群人，但其生命叙事仍存在着四个"看不出"：一是看不出有哪本书深刻锲入灵魂；二是看不出有哪个重大事件唤醒生命，影响发展方向；三是看不出有哪个"重要他人"对自己产生重大影响；四是在学习成长方面，看不出有意识地整体筹划并持之以恒践行。

我认为，根本原因在于大部分教师学习的主动性不足。

为什么主动性不足？这里涉及"为什么学""学什么""如何学"三大问题，第一个问题是后两个问题的"发动机"，"发动机"配置不好，再好的车都跑不快、跑不远。

教师为什么要学习？答案可能有多种：为了有个好成绩，为了发论文评职称，为了上好公开课，为了成为名师，为了有一个幸福的人生……

这些答案并不存在道德上的高低之分。"为了评职称而学习"不见得比"为了幸福的人生而学习"境界低，学习的动机首先取决于切身需求而不是道德或境界。而真正需要区分的是，教师把学习作为目的还是手段。

影响学习成就的基本动机有两个：一是外源动机，行为是达到目的的手段，比如一名教师研究教学方法是为了上好一堂公开课；二是内源动机，行为的本身就是结果，比如一名教师研究心理学是因为对心理学充满好奇并喜欢。行为主义强调外源动机的重要性，认知主义则强调内源动机的重要性。

一名教师因为外源动机而学习，容易成为优秀教师，但很难抵达卓越；而内源动机是成为卓越教师的必要条件。因为把学习当作手段会降低学习兴趣，干扰学习的专注力，而且很难完成复杂、有创造性的任务。

试想，一名为了职称而学习的教师，只是为了评上职称才硬着头皮拿起书阅读，基于功利而学习是不自由的，只是想着如何省力尽快学完，通过考核，获得职称，这样就容易降低对知识本身的兴趣。一旦获得职称，学习一般也就停止了。

仅仅把学习当作手段，就很容易患得患失、心浮气躁、心不在焉。比如，一名教师为了提升考试成绩而学习，会非常在意考试成绩的高低，在意与其他班级的竞争，注意力集中于外在因素就难以在学习上长期专注。

把学习当作手段很难完成需要创造性的工作。比如，一名教师如果对学术本身不热爱，还要写出高质量论文，就会感到压力山大，焦头烂额。

对知识充满好奇，把探索作为兴趣，把学习当作目的，更容易品尝到知识的美味，不断享受沉浸、苦思、探究、顿悟中的"高峰体验"。一个把学习当作目的的教师，不会纯粹为了成绩、职称、工资等外在因素而学习，也不会因为得到了职称而停止学习。对这类教师来说，学习就是一种自然而然的生活方式。从现实来说，这类教师同样也在意并追求教学成绩、工资、公开课、职称等，但会把这些当作"额外的奖赏"，而不是全部，这类教师反而更容易赢得成绩、荣誉、职称……

人经常被"看法"左右，而不是被"事实"影响。要真正理解"为什么学"，需要重构自己的解释系统，重新理解对学习的"看法"。然而，重新理解学习、重构解释系统何其难。我们都是应试教育下的"蛋"，如果没有自觉的反思和内在的觉醒，就很难跳出应试教育根深蒂固的束缚。

我们在幼年时，对世界充满好奇，体验着学习本身的乐趣；随着学段的提升，内源动机越来越弱，外源动机越来越强，分数、升学、工作逐渐成了天经地义的目的，学习成为手段，其本真意义也就慢慢被遗忘了。人，就这样被自己的"看法"塑造着。

当然，是选择把学习作为手段还是目的，这是你的自由。

提高对教育的解释力

曾到新教育实验区——四川一所以红色文化为特色的红军小学考察。学校建立在红军根据地，校址又曾是有数百年历史的书院，可发掘之文化、可利用之资源非常丰富；学校有全国县级一流的图书室、科技馆、艺术馆；红军的故事、标语、照片等在校园中被精致地装饰、陈设；理念、校训、班名等都呈现了红军精神的元素；学校围绕红色文化开展了阅读、研学旅行等活动。如今，学校硬件已经不是问题，目前的重点和困惑是如何整合资源，形成整体统领、一以贯之、深入师生灵魂的学校文化。

与许多学校的资源匮乏不同，这里是资源的"富矿"。然而，多也有多的烦恼：如果没有将新教育实验理念、地方文化资源、校本课程、班本课程、家长需求等有机整合，虽然践行很多，但会显得繁多而散乱，文化不够彰显，内涵不够精细，品位不够高深。

背后的原因是什么？我以为，在众多原因中，有一点值得重视：学校的解释力不够。这也是许多中小学的共性：事情做了很多，但解释得不够；解释不够，实践缺乏系统、精致和深入。

解释是洞见真理的方法，也是真理存在的方式。教育的理论正是以解释的方式表达着对教育真理的洞见。许多时候，同样一个教育行动，解释不同本质就不同。解释力强大，本质豁亮、意义彰显、内涵丰富；解释力不足，本质晦暗、意义遮蔽、内涵单一。反过来，不同的解释就有不同的行动，人如何解释教育，教育就如何显现自身，我们正是在不断的解释中指导教育行动。

命名就是一种解释。比如学生参观红军会议会址的行动，命名为"活动"还是"课程"，有本质差异。命名为"活动"，就是目的模糊、热热闹闹、外在而单一的行为；而命名为"课程"，就是为了特定教育目标，选择丰富的教学内容、采取合宜的教学方法开展教学的整个进程。在学生参观前，教师可以布置学生搜集与红军会议会址相关的历史故事、人物、地理、军事等资料；学生带着教师提出的问题实地参观、了解、思考；参观结束后，学生撰写调研报告，并举办主题微演讲等。如此，整个课程便达到了在体验中学习、带着真实问题求知的效果，培养了学生搜集信息、观察思考、文字书写、口头表达、道德认知等综合能力，蕴含了学会学习、人文底蕴、科学精神等核心素养。所以，解释不仅仅是总结、梳理、宣传，更是发掘、彰显、矫正、精确，是认识的深化和精确化，是真理的豁亮与涌现。

教育在人的解释中建构。营造书香校园、缔造完美教室、构筑理想课堂等新教育实验十大行动，也是新教育人用自己的语言塑造和解释教育，然后再由教师、学生进行实践。因此，校长和教师从本源处理解这些意蕴丰富的理念与行动就极其重要，特别是不要把新教育实验的十大行动隔离开，十大行动可以归结为一件事——从十个角度阐释教育。否则就容易"穿着新鞋走老路"，甚至将其误解为华而不实的形式，成为随时都想甩掉的负担。

教师在对教育的解释中成长。每个校长、教师都是在对教育的解释中形成独一无二的自我。惠特曼有一首诗歌形象地描写道："有一个孩子每天向前走去／他看见最初的东西，他就变成那东西／那东西就变成了他的一部分。"同理，每个教师每天向教育走去，你看见什么，就会变成什么，你看见的东西就会变成你的一部分。

当然，解释有高低之分。好的解释会让本质显现与明亮，而不好的解释让本质晦暗与沉沦。对教育的解释不是一次性完成的，更不是少数专家的特权，需要所有实验者、行动者无数次解释。解释就是"擦亮"，人正是在不断解释的过程中建构了教育和自我。

如何才能有好的、强大的解释？这就需要回归到对教育根本问题的思考，回到教育、生命的规律；这就需要开启对经典的啃读，开启专业学习。生命在漫长的冬季蛰伏、积蓄、等待，你会在某天突然发现已经练就了一针见血、直抵根源、洞悉本质的慧眼，生命也迎来了明媚灿烂的春天！

专业学习要少听故事

现在，越来越多的校长和教师有机会外出参加培训，通过考察、观摩、听讲座报告开阔视野，更新观念，启发思考。实践中你会发现，做报告者和听讲者都喜欢故事。

人的大脑喜欢形象的故事、图表、声音，不喜欢抽象的概念、理论和枯燥的文字、数字。做报告者为了追求现场效应，避免听众走神、喧哗或者睡觉，往往会刻意讲述故事迎合听众的喜好和需求。缺乏学术训练的一线教师也更喜欢听动人的故事，而不喜欢听深奥的概念和理论。

不是说做报告就一定不能讲故事，也不是说听故事就一定没作用，其实在彰显意义、表达情感等方面，故事有独特的价值。只不过，故事分为好的故事和不好的故事。好的故事蕴藏真理，不好的故事充满偏见。讲故事的本质是通过解释去伪存真，剥茧抽丝，让真理显现、豁亮。讲故事是一种能力，故事讲好的关键是内在的领悟、洞察以及对自我炫耀的必要克制。然而，许多讲故事者缺乏这种洞察和警惕，为了追求故事的精彩，常常在有意或无意中，放大绝对性而忽视复杂性，放大主观能动性而隐藏世界的偶然性，在讲述中凸显了故事的精彩与自我的幽默机智，但遮蔽了真理的显现，导致听众买椟还珠，误把"指月之手"当成了"月亮"，不是彻悟了一个真理，而是崇拜了一个偶像。

有的办会者为了吸引一线校长和教师参会，也往往邀请善于讲故事的专家来做报告，导致有的研讨会、研修班、论坛成了"故事会"。现场效应虽然很好，但学术水准降低了，学术性被稀释了。教育是一门专业，除了热爱和激情，还需要冷静和深思，需要孜孜不倦进行科学探究。

专家的讲座决定听众学习的内容，听众的喜好也会塑造专家的认知。也有的专家不愿意讲故事，但一讲稍微抽象的知识，听众就心不在焉，走神打盹，而一讲故事，听众就聚精会神，如果能把教师日常的苦楚或牢骚表达出来，更容易赢来掌声和欢呼。但效果呢？举一个不恰当的例子，接受按摩只能缓解疼痛，但不从根本上治病。

外出培训，少听故事，多听"干货"。"干货"就是实实在在的知识、方法和技能，是教育教学中的真谛和规律。听报告和讲座要积极主动进行对话，而不是一味被灌输。所谓的对话，不是必须站起来向讲座者提问，而是用批判性思维对听到的内容进行追问、分析、判断，最好是能条理清晰地书写出来。

培训效果不取决于听的是故事还是"干货"，而是看你大脑中是否有一个整体认知框架。认知框架就像一张有捕捉能力、解释能力和消化能力的巨大的网，不管你观察到、倾听到什么，都能产生链接，或同化或顺应地达到平衡，久而久之头脑变得丰富和深刻，在分析评论教育教学时有一种思想的深度和眼界的高度。没有认知框架，就容易被外界的复杂现象和纷乱的声音牵着走，学来学去，大脑装了一大堆散乱而无法运用的信息。

如何建立认知框架？魏智渊老师分析得非常精辟："必须排除碎片般的信息以及狭隘的专业知识的遮蔽，恢复对人类根本问题以及各个专业根本问题的思考，并在这些思考之间建立关联。而要恢复对根本问题的思考，必须从五花八门的流行读物中挣脱出来，回归到对根本书籍的研读。""通过恰当的与生命、生活相关联的阅读，在教师内部形成一种'深刻的状态'，这种状态同时包含了信仰与智慧。信仰是指教师对自己职业的态度以及自我认同，智慧是指拥有强大的根本能力，能够整合不同领域的专业知识使之成为整体，并使一切知识背景化的能力。"

要实现这点，就要经常反思自己的思考和知识建构的习惯，需要耐得住寂寞，需要艰苦啃读，需要长期扎根教室的践行，更需要对自我的绝对信任。

你准备好了吗?

用主动承担
赢得成长机会

成长的机会从哪里来？有时候从失败中来，有时候从挑战中来，有时候从重大任务中来，还有时候从主动承担中来。我作为公益组织的负责人，经常接触许多优秀的一线教师，他们默默无闻，主动承担工作，热情奉献爱心，在比别人多付出时间和精力的同时，也获得了难得的成长机会。

让每一个付出者都能获得成长，是我的管理信条之一。

每个寒暑期都是新网师最忙碌的时期：发布招生简章，审核录取，新学员入群，新学员培训，作业统计，清理不合格者，发放证书等。从拟定文案，到沟通、协调、落实，每一件事都有海量事务。

2020年暑期，尤其忙碌，除了常规工作，我们还组织了每周一期的"榜样教师进网师"讲座，组织了40多节云课堂，举办了"清凉一夏，云端共读"附属学校云共读，策划了"清凉之夏"深度共读等课程和活动。

这一切工作主要是义工来完成，几乎是零成本运营。

曾经一个知名教育公司的朋友了解了新网师的运营模式和开销后，非常震惊，他说，同样的事，我们得花费几十万招聘员工来做，而且还不甚满意。

郭良锁、郭丽丽、马增信、杨茜、王小伟、郝志刚、刘凤娟、胡新颖、李海波、于宁……还有很多义工，无法一一列出。他们在背后付出了大量的时间、精力、汗水。他们的付出，有的我知道，大部分我不知道。许多义工老师都在教学一线带班代课，除了日常工作还得做家务、带孩子等，都是用业余时间来做这些工作。新网师对品质、细节、效率有很高的要求，很多时候，我与义工老师们交流，注重工作结果而忽略工作过程，注重表达内容而忽略表达方式，注重工作不足而忽略工作成绩，加之主要通过在线文字沟通，难免让有的义工老师感到不近人情，进而心生委屈和抱怨：默默无闻付出那么多，还被批评……

但正如小王子驯养玫瑰一样，在付出汗水的过程中也酝酿了深厚的感情。一位老师对我说，工作、家务、新网师集聚在一起，有时感受压力很大，萌生退出之意，但真要决定放弃新网师时，又割舍不下，甚至哭了一个晚上，最后还是决定继续做。

理想主义始终是新网师的灵魂底色，己立立人、己达达人始终是新网师的执著信条，背离了它们，我们所做的一切就黯然失色，且行之不远。许多讲师和义工能珍惜、倾注、呵护新网师这个精神家园、心灵净土、淬炼熔炉，其根本原因就在于从中受益并认同这一点。这一点，也是新网师与许多教育机构或公司本质的差异之处。

我们高度珍惜义工的付出。

这种"珍视"不能仅仅是内心的铭记和口头的表达，但也不是赤裸裸的交易。我们应该有实实在在的行动，让义工既是驱动团队"大车"行驶的推动者，也是与团队同步发展的成长者，还是团队发展后的直接受惠者。这样做，不仅仅是体现对义工的尊重的道义之举，也是团队未来良性持续发展的内在需求。

未来，除了课程学习和岗位锻炼，我们将给义工提供更多的学习资源、学习平台和学习机会。比如，寒暑期高研班将采取邀请制而不是报名制，邀请义工和讲师参加，甚至在条件允许的情况下，提供一些交通或食宿补助。组织的线下培训，免费向义工和讲师开放；不定期给义工赠送有价值的书籍……

爱出者爱返，福往者福来。

在成就每一个学员的同时，尽可能让每一个义工得到更多、更快的成长，是我们不变的初心之一。

V

第五章

—

管理提升
专业水平

导　语

所有的管理，归根到底是自我管理。所有的教育，归根到底是自我教育。好的教育，就应最大限度激发人的自尊、自信，培养人的自律、自我管理能力，给灵魂注入光芒，唤醒人内在的自主性，激发生命昂扬奋进、源源不竭的内生动力。卓越者，皆有超强的自我管理能力，把自己修炼得如一台"学习机器"，把自己管理得如一支军队。不擅管理自己，根源是人生没有清晰的目标或愿景。人生没有方向和目标，生命就难有动力和定力，就会陷在琐事和庸常中，虚度、消耗、浪费，在无所事事中百无聊赖。每个人的一天都是 24 小时，除了睡觉、吃饭，大部分人能真正利用的时间都差不多。既然无法多占有时间，就要想明白有限的时间该投注到什么方面。一旦人生目标清晰，任务明确，也就知道该割舍什么、放下什么，也知道该重视什么，该在哪儿全力以赴。

向优秀的名校长
学什么

"道可道，非常道；名可名，非常名。"名校长之所以卓越，大多有这样的共同特点：他们身体力行，致力于唤醒师生、影响师生、引领师生、成就师生。只不过，达到这一效果的办学之道各不相同。环境影响人，我们经常能看到校长的"处境"影响其办学、治校之术，却常常忽略更为根本的因素——校长的自身优势、特长以及自我创造的资源，更深层次的则是其独特的生命气质。

我曾在西安听李镇西老师做报告，听他讲自己如何协调生活、工作、学习的关系，如何在现实处境下创造理想的教育，以及担任成都市武侯区实验学校校长期间的故事：在报纸上开辟专栏记录每个老师，帮老师发表文章、出书，向老师赠书，与老师们一起过生日，把老师的陶艺作品做成校园里的雕塑景观……

李镇西老师的办学之道折射着他对教育的炽热情怀，体现了他既恪守教育良知，又"平衡现实与理想"的智慧，值得许多校长学习。但如果不从深层次领会，而简单照搬、复制其治校之术，恐怕是不会"灵验"的。除非你成为"李镇西式"的人，才能有效模仿甚至复制，否则你就很难自然说出那样的话，自然做出那么多的事，很难有那样的人脉、信息、渠道、平台等有形无形的资源，也就难以创造出"李镇西式"的教育现实。

为什么困扰许多校长的难题，在李镇西老师那里压根儿就不是问题？

因为人不同，所看到、创造的"世界"就不同。

比如，有的校长纳闷，校长工作那么繁忙，哪来那么多时间阅读、写作？而对李镇西老师来说，阅读、写作已经成为一种像呼吸一样自然而然的习惯。阅读、写作和生活与工作融为一体：在阅读中思考，在工作中生活，在生活中写作。对他而言，写作已经是一种生活方式，用书写记录生活、凝固思考、表达自我、影响他人。当许多校长还在为写一篇稿子而发愁时，李镇西老师能在各种报刊上轻松发表文章；当许多校长在大会小会上苦口婆心"教育"老师时，李镇西老师通过帮助老师发表文章和出版专著而影响老师；当许多校长苦于文章无处发表时，李镇西老师考虑的是如何委婉拒绝报社、杂志社、出版社的约稿……

因为善于写作，李老师成了国内名师，有了说"不"的底气，有了赢得他人信任的资本，有了不为"五斗米折腰"的骨气，进而有了相对宽松的环境，有了比大多数校长相对多的自由。

李镇西老师在校长岗位上，淋漓尽致地发挥了他写作的优势和特长，充分借用了由写作而产生的各种学术资源。校长的气质禀赋、潜质特长不同，所创造的"世界"就不同。

李镇西老师因为擅长写作，形成了个性化的工作方式、治校之策，拥有了丰富的办学资源，创造了与众不同的校园内外环境，实现了教育的目的。干国祥、魏智渊、王志江这些校长也追求唤醒师生、影响师生、引领师生、成就师生，但他们的办学之术又与李镇西老师有着很大的不同——他们主要依赖的是自己强大的教育专业性。

虽然他们都不是高校专业的教育研究者、理论家，但他们在理想课堂、完美教室、童话剧等领域进行了理论和实践上的重大创新与开拓，研发"读写绘""整本书共读""学数学玩数学"等精品课程，致力于打造一支融合理想主义、专业取向和自由精神为一体的高效率、高品质的教师"梦之队"。

卓越的校长都发自内心地热爱教育，喜欢与学生在一起。当许多校长忙于用开会动员、完善制度、布置任务、制表考评而调动老师时，他们去掉一切形形色色的形式化的检查、评比，杜绝恶性竞争，使学校成为崇尚信任与合作、彼此热爱，以及共同热爱知识的地方，使学校成为师生共同成长的家园。

当许多校长绞尽脑汁用延长学习时间、频繁考试、打造课堂模式而提高教学质量时，他们通过读书会、教研等形式，带领老师们直接啃读教育经典书籍，探索专业知识，提升专业能力，破解课程、课堂中的问题，创造教育教学之美，帮助老师领会职业尊严。

当许多校长为如何调动老师工作积极性、提升课堂教学质量而发愁时，他们追求的是让每一个老师真正热爱知识，同时，将这种热爱传递给孩子，让孩子学习"有温度"的知识，而不是只接受机械僵硬的练习。

当许多学校用工厂车间流水线一样的方式来规范、训练学生时，他们尊重每一个孩子的天性，努力发掘每一个孩子的潜能。他们不搞题海战术，不采用让孩子痛苦、低效又伤害心灵的方法，而是用专业、科学的训练努力让每一个孩子都获得学业上的高成就，并保持对学习的热爱以及对知识的好奇。

这样的教育当然是理想的，但你要想简单模仿和复制干国祥、魏智渊、王志江的办学之道，也是很难的，除非你也具备了强大的学习力、深厚的学术积淀，以及对理想教育的极致追求精神。

其实，还有一类校长也做得风生水起。虽然他们不擅长写作，也没有强大的教育专业底蕴，但精于经营各种关系，在体制内外左右逢源、如鱼得水，能调动各种人力、财力资源，搭建优质平台，吸引优秀的老师和学生，实现自己的教育梦想……

卓越的校长有风格，平庸的校长没有风格。以上三种办学之术各有所长，也各有局限。其实，这不分孰对孰错、孰好孰坏，而是各美其美、美美与共。三类校长虽然各有局限，但都不妨碍他们的卓越，因为他们都形成了各自独特的风格。

对于校长来说，重要的不是认为哪种办学之术好，希望模仿谁，根本之处要明白：我是谁，我愿意成为谁，我依赖、拥有的资源有哪些，以及能创造怎样的资源。

但是，仅仅如此也是不够的，即我们不能只看到各种办学之术的差异性，还应看到卓越校长的共同性，即共同的教育之道。

那么，共同的教育之道是什么？

在我看来，他们之所以卓越，就是因为都活出了这样的教育之道：对人性的洞悉，对细节完美的渴求，对教育真谛的领会，对教育的敬畏和虔诚，对美好世界的极致创造，对平庸的不甘，对人类的怜悯慈悲……

这种伟岸、深邃的灵魂，这样的教育之道，是每一个校长可以并需要深刻学习领会的。《中庸》有言，"尊德性而道问学，致广大而尽精微，极高明而道中庸"，讲的就是这个道理吧。

工作要
区分目标与目的

　　每月工作总结是新教育为了让各单位彼此了解工作状况而建立的沟通机制。每月月底，各单位汇总本月主要工作，列出下月计划，结集后下发给新教育各机构的负责人，以便相互了解。

　　这就要求管理者必须全面、准确、精练地对团队的一月工作进行梳理归纳，既不能漏掉主要信息，又不能记叙繁琐。各机构负责人事务繁忙，不可能详细阅读，大部分是一目十行浏览，如果内容琐碎，就会影响阅读和吸收的效果。

　　现在，工作总结存在的问题是：1.缺乏归纳，只是按照日程流水账一样记录，而没有按照主题进行归纳；2.不精练，不重要的信息遮掩了核心信息，其实，遵循新闻导语的六要素，写出何时、何地、何人、何事、何因、何果即可，不需要过多阐述；3.没有细心编辑，比如个人头衔前后不一致，不考虑读者感受，简单把新闻中的内容复制粘贴过来，无疑是不妥的。

（一）

　　表面看，这是如何写总结的问题，深层次是没有分辨清目标和目的。

　　标，本义是树梢。目标，指的是射击、攻击或寻求的对象。

的，本义是明亮，假借为箭靶的中心。目的，指的是行动和努力最终要达到的地点或境界。

打靶，只是目标；击中靶，才是目的。

起草工作总结，仅仅是完成了目标；通过工作总结，让他人了解我们的工作，才是行动和努力最终要达到的目的。如果写了一份总结，但他人不喜欢读，或者没有读明白，就是完成了目标，但没有达到目的。

做事要增强目的意识，写了一个总结，开设了一门课程，编辑了微信公众号，都只是完成了目标，如果阅读的人少，上课的人少，参与的人少，目的就没有充分实现。

新网师作为一个公益机构，核心目的是：实现教师生命的成长。当然，这需要在现实中把握一种平衡，如果曲高和寡，参与的人都没有多少，即使少数教师成长了，效果也很有限。但如果像其他机构一样，一味迎合教师而没有成长教师，人家是为了赚钱，我们热热闹闹又图什么？

（二）

理想的状况是目标和目的统一。

比如，举办读书会是目标，通过读书会共读，唤醒文本，让艰涩的经典变得浅显，让疏远的知识变得亲切，参与者能破除陈见、吸纳新知、改善行动，这就实现了目的。

比如，学校文化建设是目标，通过文化建设，明确了学校的愿景、使命和价值观，将理念呈现于视觉，美化了校园、楼宇、办公室和教室，重新梳理了学校的历史与现状，凝聚了师生、家长的共识，规范了师生的行为，提高了办学质量，这就实现了目的。

但目标和目的分裂的情况经常出现。

比如，读书会的目的本来是读书，但如果仅仅将其作为给来宾参观的文化装饰，给领导看的一个政绩，既邀请领导、嘉宾参加开幕式，又组织新闻媒体报道，既组织参与者对话讨论，又要求提交读书笔记，表面上看组织得轰轰烈烈，但只是完成了目标而忽略了目的。知识的魅力显现了吗？参与者从共读中有真正的收获吗？许多读书会虎头蛇尾、如同鸡肋，最终不了了之，就是因为关注了目标，忽视了目的。

有时，同一个目标，不同的参与者会有不同的目的。如果组织者认识不清晰，就容易舍本逐末，导致事与愿违，怨声载道。

比如，学校在招生季组织夏令营，对校长来说，可能真正的目的是借助夏令营扩大招生，更强调对外宣传的效应；对家长来说，希望孩子通过夏令营有所收获，更关注夏令营的活动、课程和安全；对文化公司来说，希望通过夏令营赚一笔钱，更强调的是扩大招生，节省开支。

当然，理想的结果是目标完成，目的实现：学生有收获，学校有美誉，公司赚了钱。但常有的情况是，学校一味迎合家长和学生，为了自己的目的忽略了学生的成长；公司忽悠了学校和家长，为了自己的目的，忽略了学校的声誉和学生的感受。

夏令营，本来主要是为了学生，结果，最容易忽略的恰恰也是学生。

（三）

经常有一些朋友与我交流如何开展新教育实验，我在提供参考意见之前一般先了解对方的目的。因为，说出来的目的与内心真实目的往往不统一，而且自身也往往没有意识到。

有的主要是为了招生有一个吸引家长的噱头，有的是为了取悦领导而有一个宣传的亮点，有的是为了短时间内出一些政绩，还有的确实是为了一种理想的教育，为孩子的终生发展而考虑。当然，很多时候，是几种目的的综合。

如果主要是为了招生、取悦领导或自己的政绩，可能就放不下身段，静不下心来，耐不住寂寞，会无意中追求短、平、快，希望尽快有效果，而这恰恰是与新教育的本质相违背的，我提出的建议，也就没有什么价值。

有一所学校想开展新教育十大行动中的一个行动。朋友说，希望能办一所与传统模式不一样的学校；我说，按照你的方式恐怕实现不了你的目的。新教育的每一个行动，背后都有理论的支撑，每一个行动都需要放在系统中筹划，学校如果不注重系统升级（教师学习、课程开发、教学变革、评价改变、组织赋能等），只关注局部的变革，效果就很难显现。久而久之，师生看不到实质性变化，就会埋怨抵触，这样往往走不进新教育，也走不远。

有的校长朋友长期在体制之内，没有招生甚至升学的压力，也容易注重目标但忽视了目的。比如，关注一年开展了多少场活动，举办了多少场比赛，听了多少节课，以为年终汇报时，能罗列出来就是完成了任务。岂不知，这只是目标，而不是目的。我们真正应该关注的是：学生成长了吗？成长了什么？

当然，现实社会不是简单的非黑即白。在实现主要目的的同时，尽量兼顾其他目的才是符合现实的策略。只是要警惕一种现象：因为走得太远，而忘记了当初为什么出发。

（四）

与教育相比，医学、军事要更重视目的，因为不重视目的，都是要死人的。

　　许多民办学校的校长和投资人最终不欢而散，根源上，也是因为彼此的目的不同。投资人往往看重的是资本，校长往往看重的是教育。

　　那么，问题来了：对于学校来说，升学率是目的还是目标？

奖赏的弊端

为了让孩子做家务，要买玩具奖赏；为了让小组合作学习，要统计分数进行评比；为了举办活动，要评选出一二三等奖……

家庭和学校教育中，奖赏随处可见。不论做任何事，奖赏是有必要的，因为它符合人的本能。合适的奖赏能激发内驱力，调动积极性，表达对行为的肯定和认可。

然而，滥用奖赏是有弊端的。做对就要奖赏，做错就要惩罚，这是行为主义理论的做法，旨在通过刺激和反应来控制人的行为。控制是教育的一种手段，但控制不等同于教育；控制能约束"行"，但教化不了"心"。马戏团驯兽就是依循行为主义理论，驯到极致，只要做出抽打的动作，狗熊就乖乖听话。片面使用奖赏或惩罚，隐含着一种潜在的观念，即把人降低到动物的层面，忽视人的自由。说得严重点，这是不人道的行为。

奖赏的背后隐含着两个片面观念。其一，行为本身没有意义、没有趣味，需要用奖赏来刺激；其二，人没有自觉性和主动性，需要借助外在的奖赏来驱动。

然而，就学习而言，知识是有意义、有魅力、有趣味的。"慈母手中线，游子身上衣"蕴藏着古典的亲情与人伦；"独立小桥风满袖，平林新月人归后"传递了人生失落与期待的复杂细腻的滋味。数字与三角形、圆形并不是枯燥的数据和图形，而是人类破解自然、社会、历史奥秘最可靠的武器。英文单词并不是稀奇古怪字母的组合，而是蕴藏着一种思维、一种文化，是一种通向另外世界的桥梁。学习是发掘知识这一伟大事物内在魅力的过程，是复活知识形成的过程——历经种种困惑、尝试、失败以及豁然后的狂喜。学习本身是有意义的，不需要外在的奖赏来刺激。

人是有自觉性和主动性的。婴儿天生对世界充满好奇，对学习充满兴趣，天生喜欢挑战，喜欢冒险；成熟的人有能力对自己的行为负责，希望把事情做好，渴望成为一个优秀的人；人的行为受道德认知的影响，做公益是出自内心的悲悯情怀而不是为了选模评优，登山是因为"山在那里"而不是为了夺得冠军。许多行为源于内在自觉，而不是外在奖赏。

奖赏的弊端有很多。

奖赏会破坏班级的人际关系。孩子们会为了获得奖赏相互提防，不再分享，不再合作，滋生妒忌。奖赏会忽视问题形成的深层原因，"胡萝卜加大棒"不能完全解决学生认知上的困难。不合适的奖励会阻碍探索和创造，比如老师为了激励学生阅读，宣布读完十本书就奖励，结果孩子都选择浅显易懂、页数少的图书来读，没有人真正沉浸于文本，去挑战有难度的书。

奖赏会削弱兴趣。绘画、弹琴本来有意义、有趣味，用买礼品、吃大餐、看电影等来奖励儿童绘画和弹琴，把儿童的注意力导向奖赏，削弱了绘画、弹琴本身的趣味。而且，奖赏的力度必须越来越大，否则兴趣就减低，奖赏停止之时就是行为终止之际。兴趣的强弱影响学业成就的高低，奖赏会降低挑战任务本身带来的快乐。奖赏会降低内驱力，如果想让孩子积极主动做某件事，尽量不要用奖赏的手段。奖赏可以控制行为，但难以培养孩子对行为的正确认识。正确的认知应该是"因为是对的，所以我要做"。孝敬父母是"对的"，所以要孝敬；劳动是"对的"，所以要劳动；诚信是"对的"，所以要诚信。一味用奖赏可能会导向错误的认识：因为有奖赏，我才孝敬、才劳动、才诚信。如果总是用奖赏和惩罚来控制孩子，就不要抱怨孩子缺乏自主、自律和责任心，不要怪罪孩子不能独立，没有自信。其实，习惯用奖赏是因为我们内心追求的是控制孩子，让孩子乖巧听话，不惹麻烦，而不是孩子的自主自律、内在成长、长远发展。

之所以要警惕奖赏，是因为奖赏非常有效。我们常常看到奖赏立竿见影的效果，而往往忽视：对谁有效，效果有多长，有什么效果。奖赏往往对年幼的孩子有效，奖赏很难保持长时间的效果，而且这种效果往往是表面的、形式的。

有的老师说：我的学生习惯差、积极性不高，离不开奖赏（惩罚）啊！岂不知，恰是奖赏（惩罚）制造出你认为的问题，而这些问题又成了维持奖赏（惩罚）的理由。

当然，指出奖赏的弊端，不等于废弃奖赏。奖赏也是必要的，只不过因为现实中容易忽视其副作用而滥用，所以本文着重分析了其弊端。我们提倡正确使用奖赏，比如事后奖赏，作为惊喜；奖励尽可能与任务相似，比如如果要对孩子的阅读行为进行奖励，就送孩子一本书……

提高工作效率的
四种观念

我经常讲"知全守份"和"敬事以待"。

知全，就是对这个世界、对社会、对教育要有一个整体的了解，有一个总体的态度；守份，就是要守护住自己的职责，做好自己能做的事。糟糕的情况是，不看自己做得如何，而只盯着他人有什么不足，相互埋怨、指责。世界上没有抽象的环境，我们就是环境的一部分，局长是校长的环境，校长是老师的环境，老师是学生的环境，如果各自把自己的事做好，就是在改变环境。集腋成裘，聚沙成塔，社会就会一点点改变的。

敬事以待，就是在没有更好的环境，没有更好的平台时，把当下承担的事全力以赴做好，等待（也是创造）更好的机缘。

全力以赴意味着什么？意味着沉浸、敏感、主动、持续学习、注重细节、注重结果。

朋友在教务群发了一份新设计的工作流程单，我看了一下，流程单还有待完善。

需要从四个方面提高：一是表达准确，二是文字精确，三是闭环思维，四是复盘思维。

什么是准确？准确，指表达出与实际事物相一致的信息，即表达的是真实的事实。人们在呈现或描述事件时，经常与实际事物不符，造成他人的误解。比如，广告就常常夸大而缺乏准确性，这就是不准确。

什么是精确？精确指给予他人需要的细节，让他人理解表述的真正含义是什么。比如，"大家要及早提交作业"，这句话就不精确，因为什么是"及早"，可能不同的人理解不一样。流程单初稿中，规定周五的任务是"课程助理发课程海报（2次）"。这句话不精确，海报往哪儿发？是同一地点连续发2次，还是不同地点分别发1次？还是间隔发？这些信息的漏洞和含糊其辞，都会给后续的工作带来麻烦。如果一个通知发出后，又不断沟通解释、弥补失误，很多时候就因通知写得不精确。

再如，流程中的"助理"应该叫"助教"。在新网师，协助讲师的义工，过去称"组长"，现在统称为"助教"。为什么要改变呢？因为把"组长"改称为"助教"，把"组员"改称为"助理"，更加规范。

工作还应有闭环思维。

百度中对闭环思维这样解释：对发起的工作或活动，在一定时间内，无论执行者完成的效果如何，都要认真、负责地收到反馈。闭环思维非常重要，任何工作和事情都应贯彻。

闭环思维来源于美国质量管理专家休哈特博士首先提出的 PDCA 循环。PDCA 循环的含义是将质量管理分为四个阶段，即 plan（计划）、do（执行）、check（检查）和 action（处理）。在质量管理活动中，要求针对各项工作制订计划、实施计划、检查实施效果，然后将成功的纳入标准，不成功的留待下一循环去解决。

（1）P（计划）：包括方针和目标的确定，以及活动计划的制订。

（2）D（执行）：根据已知的信息和计划进行具体运作，实现计划中的内容。

（3）C（检查）：总结执行计划的结果，分清哪些对了，哪些错了，明确效果，找出问题。

（4）A（处理）：对总结检查的结果进行处理，对成功的经验加以肯定，并予以标准化；对于失败的教训也要总结，引起重视。对于没有解决的问题，应提交给下一个 PDCA 循环去解决。

以上四个过程不是运行一次就结束，而是周而复始地进行，一个循环完了，解决一些问题，未解决的问题进入下一个循环，就这样阶梯式上升。

从本质上讲，闭环思维不仅强调"责任心"，更强调"团队的配合"，而配合的关键是"反馈"。所以，闭环思维要做到：

（1）准确表达信息，并确保他人收到信息。

（2）能在规定的时间接收到对信息落实的反馈。

（3）根据反馈，采取相应的应对。

朋友设计的流程单只是规定了"谁在什么时间做什么"，但没有设计反馈。如何知道做了没有？没有做又该怎样？这都应考虑。没有反馈，就不知道做了没有。

最后，工作要有复盘思维。

复盘，是围棋术语，也称"复局"，指对局完毕后，复演该盘棋的记录，以检查对局中招法的优劣与得失关键，找出双方攻守的漏洞，这是提高自己水平的好方法。下围棋的高手都有复盘的习惯，棋手平时训练时大多数时间并不是在和别人搏杀，而是把大量的时间用在复盘上。

很多时候，为什么同样的失误和错误一再出现？就是缺少复盘思维。通过复盘，当某种熟悉的局面出现在你的面前的时候，你往往能够知道自己应如何去应对，在你的脑海中就会出现好多种应对的方法，或者你可以敏锐地感觉当前所处的状态，从而对自己下一步的走向做出明智的判断。

万物互联时代
如何运营"学习群"

（一）

不知你有没有这样的感受：智能手机、在线平台、APP、小程序，虽然带来极大的方便，但也制造很多干扰。

干扰主要为"四多"：

1. 平台多。就我来说，手机上有微信、QQ、钉钉、CCtalk、超星学习通、高德导航等各种离不开的 APP。每个平台又建有不同的群，可以说你有多少种角色，就有多少群：单位群、部门群、家长群、老乡群、同学群、读书群、小区群、父母兄妹家人群、岳父母家人群、父亲家族群、母亲家族群等。还有新网师的各种群：学员群、教务处群、讲师群、附属学校群、高研班群等。其实，我已经退掉了许多购物群、会员群、课程群……如果都浏览，每天会花费掉大量时间。

2. 无价值信息多。大量低价值信息，妨碍了对有价值信息的提取。有三种情况，尤其为重：一是"接龙"，发了一个通知，群里开始接龙。接龙只有名字，没有通知内容。结果为了查阅通知内容，在群里滑啊滑，把接龙名字一条条滑完，才找到通知的内容。接龙也不是不能用，最好是接龙时把公告本身也加上。二是"收到"，一则通知或公告发布后，跟着一长串"收到"，很多时候，不看吧，担心遗漏信息，打开吧，百分之九十的内容是"收到"。三是点赞、表情包。成员转发照片或文章，后面一连串"大拇指"。

3. 闲聊多。本来二人之间可以单独沟通，却要在公共群你一言我一语漫谈，就好比村里用来发布重要通知的大喇叭播放起两个人的闲聊。当然，这种情况又分多种：单位群基本不会有闲聊，亲友群里长辈或亲友的闲聊，可以理解。需要警惕的是有的学习群，大家不是交流学问，而是闲谈：发一个搞笑段子，会有各种点赞、表情包；真正提出一个知识困惑，鸦雀无声，无人接应。慢慢地大家从探究学问，转移到搞人际关系，你好我好大家好，一派其乐融融的景象。多少学习型组织就是这样"沉沦"的。

4. 建群多。同一组织在各个平台都建群。发现一个 APP，好像发现了新大陆，先来安营扎寨，圈个地。岂不知重复的内容在不同的平台发，徒然消耗他人时间，增加管理内耗。如果只是重复还好，只关注一个平台就可以。怕的是有的信息在这个平台发，有的信息在那个平台发，你得"左顾右盼"，切换来切换去，不断寻找，唯恐丢失重要信息。

（二）

以上种种干扰看似是小事，但日积月累，或者放在紧急关头，就是大事。

对于购物群、同学群等不太紧急的群，可以设置"信息免干扰"，也不至于影响生活和工作。主要是家长群、单位群、学习群等，你必须随时关注。这些群如果没有清晰的规则，没有形成良好有序的文化，成员也没有自觉的认识，就会带来很多不必要的干扰。

一来，浏览各种无效信息，消耗大量时间和精力，导致心浮气躁，稍有时间就想拿起手机看看，总担心遗漏了什么重要信息，不能专注于有价值之事。

二来，各种无效或低效信息，冲淡了重要信息。结果是，不必看的关注了，应该看的反而忽略了。

新网师一直在努力创造一种文化：

1. "奥卡姆剃刀"原则：如无必要，勿增实体。"微信之父"张小龙在研发微信时，就严格秉持这一原则，删繁就简：极简的注册方式，极简的界面，极简的功能。微信的"摇一摇"功能推出后，马化腾给张小龙发了一个邮件："摇一摇"，真的很好，但要防止竞争对手抄袭。张小龙回复说：我们这个功能已经做到最简化，极简是无法被超越的。

新网师也要提倡这种极简模式，不提倡讲师、组长随意建群。比如，"钉钉"上有一个课程群，就不要在其他 APP 上再建群。用一个建一个，不用就不建。决定不用的群，就解散。

有一名学员在课程群发起倡议：能不能建一个共同体，方便学习交流？对此，我是反对的。课程群就是共同体，就不需要另外再建，除非有特殊的价值。如果是为了请教学习问题，发在课程群，大家都会商讨解答；如果是为了请教技术问题，询问组长也会告知；如果是为了聊得更轻松一些，还是不必了，避免将时间和精力消磨在人际关系中而稀释了对学问和真理的探究。

也正是因为目前平台太分散，消耗学员精力，新网师才决定逐渐向钉钉转移。

2. 能私下沟通，就不在公共群提问。很多学员到了新网师，还是依照日常的习惯，一遇到困惑，也不管群里人多人少，就直接提问。如果只是一两个人这样，还无大碍。但是上千人的群，如果许多人都如此，会让其他人不胜其烦，最终自己也是受干扰者。不在公共群提问，不等于不让提问，新网师留了专门提问的通道和方式，教务人员、讲师和助教会专门解答学员的困惑。

3. 除非穷尽全力，否则不求他人。求助他人固然省力省时间，但求助本质上是把自己的麻烦转嫁给他人。频繁地询问，也不利于发展独立解决问题的能力。其实，很多问题通过百度都能解决。新网师有一个口号是"有问题，找百度"。很多时候，他人请教我，我也是先百度一下。当然，也不是任何问题都不允许求助，对于学术上的知识，对于阅读中的困惑，欢迎随时提问。

4. 发言要有质量。不要想起什么就发什么，尽量考虑周全后再表达。在课程群里，尽量完整地表达完意思再发送，避免写一行发一次，发了七八行，连起来读才能看明白。特别是减少一般应答性的话，如"好的""明白""收到"。一般客套的话，如"谢谢"，也不必了。一个共同体中，总说"谢谢"固然是礼貌，但也显得见外。

当然，在新网师，既要警惕各种寒暄闲谈，也要避免课程群"死气沉沉"，无人问津。这两种情况，都是偏离学习的表现。

（三）

很多学习群的无序混乱或者无人问津，主要是管理员的原因：管理员缺乏清晰的界限，缺乏具体的指导，缺乏持久的引导。

作为新网师的教务管理员、讲师和助教，要努力做好以下五个方面：

1. 发公告尽量考虑周全。避免内容有歧义、自相矛盾、语意不明，给学员造成困惑，给管理带来麻烦。公告要避免朝令夕改，随意更改，给学员带来麻烦，还削弱自己的可信度。避免"政出多门"，一个喇叭，谁都能吆喝，吆喝的人多了，就容易带来工作上的"打架""冲突"。

2. 沟通要有策略。比如，对于成员在公共群的提问，如果是三言两语能解答的，除了解答，再附一句"类似问题以后请私下询问，以免打扰他人"。如果是三言两语回答不了的，就回复"请私聊"。对于学员重要的信息要通过"群公告"发，确保让每一个人看到。对于一般性的告知，在末尾加一句"收到即可，不必回复"。当然，对于特别重要的内容，比如要求几点参加开会，就要明确要求回复"收到"，对于没收到的，要及时去电话。

这样的答复，既解决了问题，又引导了他人的发言。

群管理员的常见不足是：缺乏培训意识，只是批评，或者私下埋怨他人素质低。其实，很多时候是他人不了解。对于一个开放性组织来说，要把"不正常"当作"常态"。学员不遵守规则是一种常态，许多人不是有意违反。违反规则之后，如何引导、培训是需要思考的问题。

引导和培训需要持久，而且要有耐心。培养习惯和理解规则都需要一个过程。当一个组织中大多数人都把规则内化为不言自明的行为准则时，组织就从混乱期、规则期，进入到文化期，就可以自动运转，成为自组织了。

3. 不要认为发了公告就等于完成了工作。管理员的责任是告知，发公告是手段而不是目的。某地曾经发生高铁列车把养护工人撞死的事故，原因是管理者只是在微信上发了通知，但养护人员并没有看到，导致施工期间高铁列车飞速驶来，酿成了不应该发生的安全事故。

4. 尽量少发公告。正因为发布公告太方便了，所以要少发布公告。每次发公告，都要精心思考，一次表达完整、表达精准、表达周全。道理都是一样的：正因为沟通太方便了，所以要尽量少沟通；正因为资讯太多了，所以要精选资讯；正因为看小视频太舒适了，所以要少看小视频；正因为淘宝购物太方便了，所以要少网购；正因为叫外卖太方便了，所以要少叫外卖……

5. 尽量不要让学员填表。现在，大家对各种填表、交材料非常厌烦，我们就尽量不要添麻烦了。即使要填表，也要在程序、流程上考虑周全，尽量一次性统计好，避免反复填写重复的内容。更不应该为了自己的方便，动辄就让大家填表。管理员也是服务员，学员报名时，已经填写了基础数据，能自己统计的，哪怕多费一些时间和精力，也要自己做。其实，很多时候发一个填表通知，后续各种解释，各种催促，也需花费很多精力。

（四）

于细微处见精神。

有的班级家长群出现矛盾和混乱，与教师自身缺乏运营微信群、管理微信群的意识有关。

在现代网络技术迅速发展的时代，能有效运用学习群，不断去研究沟通策略、管理制度和组织文化，在管理细节上思考推敲，既是参加新网师的要求，也是教育教学工作的需求。

没有"功劳"谈何"苦劳"

（一）

又一次，新网师授课出现了本应该避免的失误。

在播放李镇西老师提前录制好的音频和视频时，播放延期，声音效果不佳。这原本是不应该出现的。

问题有三：一是本应 7 点开始直播，但 7 点才开始点击上传素材，因为网速慢，十多分钟才上传完，没有准时播放；二是用直播的形式来播放讲座，声音嘈杂且太低，有时忽高忽低，影响听课效果；三是无法看到实时反馈。负责播放的老师一手操作电脑，一手操作手机，无暇去看学员的实时留言反馈，甚至我打电话过去，也无法接听。

平心而论，播放的老师也是为了效果更好，所以用直播的形式。之前也与该老师沟通过，初步在群内试播，做了不少工作。但很遗憾，在最终结果上，还是不尽如人意。

如果没有"把信送给加西亚"，再讨论路途如何艰辛、如何坎坷，都没有意义。应该进行总结反思，确保类似问题不再出现。

这件事，我是有责任的。之前只是提醒要试播，但没有对试播的过程和效果再询问和把关。这件事也提醒自己，对关键问题、关键环节要逐一落实，亲自把关。工作安排不能"想当然"：不实地查看，不逐一把关，不把问题说透、盯实，自以为他人能做好，以为他人能明白，这就是"想当然"。一旦"想当然"，就容易出漏洞。

从具体执行的老师来说，不能简单地凭经验，有"路径依赖"的心理。上次这样能做好，不代表这次也必然能做好；在这个平台能这样做，换个平台就不一定了。最靠谱的还是实际检测，用结果来证明，不能犯经验主义常犯的错误。

（二）

复盘一下直播流程，应考虑如下几种情况如何办：

接收到的课件、视频和音频不完整、不清晰；

播放的声音、图像模糊，听不清，看不清；

网速慢，播放卡顿；

中途突然断网、断电；

上课当晚，自己突然有其他事情或者出现突发状况；

授课过程中，无暇看到学员的反馈。

以上这些问题和流程，应该在大脑中一次次反复梳理，尽可能考虑每个环节容易出现的问题并拿出应对之策。不能等直播有了故障，手忙脚乱，事后解释这种、那种原因。

为了直播顺利，应该做好以下几件事：

把收到的课程课件、视频和音频，全部播放一下，亲自看和听，确保图片、图像、声音清晰完整；

提前在钉钉群里试播，找几个朋友帮忙听一听，确保播放流畅，声音和画面清晰；

优先使用有线网络，有备用无线网和流量，确保网络通畅；

手机和笔记本电脑要充满电，确保停电的状态下也能正常播放；

提前调整好工作和家务，确保授课期间的安静和专注；

把所有授课资料传给另外的助理，让助理也做好随时播放的准备，以保证在突发情况下，有备用方案。

千准备万考虑，都是为了直播时万无一失。如果关键时候掉了"链子"，无论之前多辛苦，无论有什么理由，都没有意义。没有"功劳"，也就谈不上"苦劳"。

三则关于林彪的小故事让我难忘：

在塔山阻击战中，我军伤亡惨重，程子华向林彪报告损伤情况，林彪听完后，对手下人平静地说："告诉程子华，我不要他的伤亡数字，我只要塔山。"

在辽西追歼战中，我军部队建制打乱，指挥不灵，部下向林彪汇报，林彪听完后同样平静地说："乱不乱我不管，找到廖耀湘就行。"

长征路上进攻腊子口之前，红一团团长向林彪保证说："如拿不下腊子口，我提头来见。"林彪的回答是："我不要你的头，我要腊子口。"

（三）

是不是只要考虑周全，就能心想事成，万无一失？

当然不是，无论主观如何努力，总有个体无法控制的偶然性主客观因素，比如遭遇地震、洪水等个体不可抗拒的原因。但对于在线授课来说，只要自己竭尽全力，失败的概率就会大大降低。

2010 年，我在海南五指山带领大学生支教，由于几件事没做好，被领导严厉批评："态度决定一切，不要找客观理由。"当时还有点委屈，明明有的事就是客观原因造成的，但事后想来，领导说的是对的。大部分事做得不好，主要是因为主观原因，而不是客观原因。主观态度到位了，大部分问题都可以提前避免。而且，主客观也是互相转化的，当主观做到位后，也会改变客观。

（四）

新网师素以卓越为追求。什么是卓越？就是在具体的事务中，在每个细节中，都表现出较高的专业素养和职业水准。

大到一个课程，小到一个通知和海报，都应该体现出品质。其实，品质往往体现在细节中，在同一个领域内，小事做不好，大事更不可能做好。

所以，小事不小。

通过一件小事，往往反映的是一个人的责任心、态度和能力。我之所以专门写这篇文章分析，决不仅仅是为了一件具体的事。

无数小事，刻写成了团队的肤色。

无数小事，汇集成了我们的命运。

重要的是管理自我

有的老师在网络上自费报名参加学习，但学习效果不尽如人意。

为什么报名费都交了，却不能全力投入学习呢？对此我做了大量调查和长期思考。工作繁忙、事务繁多的确是一个原因，但原因没这么简单。

对于老师来说，暑假时间比较宽裕，但真正用来学习的时间有多少？如果因为工作繁忙就不能学习，朱永新老师每年能阅读那么多书，写那么多文章，又是如何做到的？我认识的不少老师，如鲁正群、许钰梅、吴尧达、王立新、池俊玲、郭文红、张建娥、齐小艳等老师勇猛精进，每日阅读书写，他们是如何做到的？

如果认知模式不升级，生活习惯不调整，学习方法不更新，自我管理不严格，就很难有真正的收获和实质性的成长。

妨碍学习的因素，除了工作、生活压力大等客观原因，也有主观上的：没有真正重视，没有管理时间，没有自我管理。更值得警惕的是观念固化，自我设限。

（一）

经常有老师说：没时间阅读，没时间预习，忘记上课时间，忘记提交作业日期，等等。

真正重视，总能找到解决的办法；不重视，便不愁找不到借口。因为不重视，才会忘记；因为不重视，才没有优先安排时间。

过去，我经常对上课迟到的大学生说：

假如今天上午是招聘面试，你会迟到吗？

假如今天是你考研的时间，你会迟到吗？

什么叫重视？重视就是念念不忘，优先安排时间。

2020 年我到苏州大学上学。开学前，需要提前预定宿舍、下载 APP、升级银行卡、交学费、转党组织关系等，这是重视的事，肯定不会忘记。即使耽搁了其他的，这些事也不会耽搁。

当然，有的时候，的确因为事务多而没时间，或者干脆就是忘记了，如何办？可下载一些时间管理的工具，提醒自己。比如，在开学前我需要每天填报健康信息，连续填写 14 天，结果有一天就没有填写，不是因为事务多，而是彻底忘记了。为了避免再次遗忘，我下载了一个自我管理APP——"时光序"，设置了自动提醒，相当于聘请了一个秘书，定时在手机上提醒填报。

（二）

不管理时间，习惯刷手机，或与人闲聊，就无法长时间专注学习。时间浪费严重，导致工作和学习的效率很低，稍有点强度就吃不消。

看一会儿书，写一会儿作业，就想翻翻微信、抖音，看看今日头条，总担心错过什么重要信息，不知不觉荒废大把时间。

我也有这种情况。为了控制使用手机的时间，下载了一个APP——"不做手机控"，使用番茄闹钟，规定每 25 分钟提醒一下，休息 3 分钟。中间即使想打开手机，也被自动锁屏。

以上是一些简单的自我管理小技巧。

要真正保持专注，关键是拿起"奥卡姆剪刀"，剪去不重要的、消磨时间的事务，减去复杂化、非本质性的事务。

一是剪去与教师职业无关的事，专注教育教学。不要身在学校，心里还惦记着炒股，做代购，开微店……

二是剪去心浮气躁，专注重要领域。挖十口井，没有一口挖到水，不仅无所得，还助长了浮躁的心态和执拗的偏见，不如深挖一口，掘井及泉。许多知识是互通的，真正学通透后，触类旁通，一通百通。网上报了不少课程与培训，这儿也想看看，那儿也想听听，貌似见识广博，但因为没有融会贯通，大多数为碎片化的信息。

三是剪去非重要项目，专注特定项目。可选择一个方向，如提升班级管理水平，做一个班本课程，提高课堂教学水平，啃读一本书等。如果你教语文，可选择研究文本解读、作文教学、诗歌教学等。如果是开展新教育实验，可以选择"晨诵、午读、暮省"、缔造完美教室、每月一事等。总之，要聚焦一点，不要四面开花。

越有能力，越不容易专注。能力越强，兴趣越广，可做之事越多，就更要头脑清醒，有取舍意识，避免被过多的事务裹挟缠绕，心态浮躁，静不下来。

（三）

按照"二八定律"，真正对你有价值的人，只占20%；真正对你重要的事务，只占20%。成长的秘诀在于把人和事"关键的少数"筛选出来，投入时间和精力。

我在原来的单位曾担任办公室主任，工作主要是发通知、起草计划总结和各种材料、迎来送往、统计数据、整理档案、办会、开会等。这些工作占据了80%的时间和精力，完成这些工作当然重要，但真正改变职业生涯的关键因素不是这些，而是另外的 20%，即专业阅读、专业写作和专业交往。

如果按照时间的四象限来规划，就是要优先完成"重要而不紧急"的事，比如专业学习、健身、与重要之人的联系，即要事第一。高效率做完"重要而紧急"的事，比如看病、备课、上课、处理突发事件。少一些"紧急而不重要"的事，比如取快递、接电话、填表格。少做"既不紧急又不重要"的事，比如闲聊、无目的地刷手机。

事务彼此是有内在联系的，当减少"既不紧急又不重要"的事时，就腾出时间给"重要而不紧急"的事。当优先"重要而不紧急"的事时，"重要而紧急"的事也会越来越少。比如，长期健身，就会减少生病；阅读量大了，备课的时间就会减少。

（四）

有一种观念认为，工作、学习与生活是割裂的。上学时只有学习，没有生活；上班只是工作，没有学习；下班只有生活，不谈工作。这种观念背后有一个潜意识，认为学习和工作是辛苦、繁重、乏味的，而生活应该是轻松、有趣。

不否认，这种观念也有合理性。但你想想马云、任正非等成功人士，他们的生活模式是什么？有上下班之分吗？重要的不是辩论什么是对的，而是你想成为谁。

在新网师沉潜多年的老师，会逐渐理解并践行这样一种观念：学习的生活化，生活与工作的学习化。

学习的生活化，就是让阅读和写作像洗脸、喝水一样自然而然，随身携带书阅读，随手拿起手机速记。把刷微信、抖音的时间用于阅读和写作，等车时、乘车时、陪孩子写作业时、睡觉前都可以阅读，晨练时可戴上耳机听书。

生活与工作的学习化，就是能随时用学来的知识来分析理解日常生活和工作中的问题，用生活和工作中的现象来印证、质疑书籍中的知识。

写到这里，不禁想起英国圣公会主教的墓碑上刻着几段话：

当我年轻自由的时候，我梦想改变世界。

当我渐渐成熟的时候，我发现这个世界是不可能改变的，于是我将眼光放得短浅一些，我想去改变我的国家。

但是后来我发现，我的国家似乎也是我无法改变的。

当我迟暮之年，我抱着最后一丝努力的希望，决定只改变我的家庭和我的亲人，可是，我这才发现，他们根本不接受改变。

在我临终之际，我突然意识到：

如果当初我只改变自己，接着我就可以改变我的家人。然后，在他们的鼓励下，也许我就能改变我的国家。再接下来，说不定，也许我真的连整个世界都可以改变。

改变坏习惯

我们经常被那些卓越教师、名师持之以恒的学习的劲头所触动，但触动能带来多大行动？

生活的真相是：购书如山倒，读书如抽丝，虽惦记着阅读学习却总是将其排在次要的位置。大多数时候只是"心动"而难以持久行动，即使勉强坚持几天，很快就"外甥打灯笼——照旧（舅）"。

（一）

待在舒适区是人的本能，走出舒适区是人的自由。成人基本不可改变，我曾经对校长朋友说："不要有改变他人的想法，改变教师不如招募优秀教师。"如果你觉得改变成人容易，就先试着改变一下与你朝夕相处的爱人。

认为通过榜样人物的示范就会改变他人，这是天真的想法。但人不可改变，却可以受影响。榜样人物能影响"尺码相同者"，"尺码相同者"一旦遇到榜样，见贤思齐，就会受感召，被唤醒，不能再忍受旧我的沉沦，从而效仿追随。榜样人物难以改变"尺码不同者"，"尺码不同者"听了榜样的故事也会触动，但"热闹是他们的"，与自己无关。有的甚至会启动自我保护模式：自欺、不屑、妒忌，甚至冷嘲热讽。你以为努力成为榜样就会引来艳羡和点赞，错了，在很多时候，你的优秀就是周围人的灾难。人性就是这么复杂。拒绝成为榜样也是许多人保护自己的方式。泯然大众固然籍籍无名，但藏在人群中却能有安全感。

开启专业学习之所以难，是因常人之行为主要依赖习惯（习俗）而不是理性，用理性（观念、道理）指导行动是那些极少数卓越者的特征。

（二）

不善于学习是一种坏习惯，坏习惯塑造差的人生。

专栏作家连岳说："坏习惯一旦养成，就有巨大的惯性，迫使人们无意识地一再重复，这重复又壮大坏习惯的力量，增加它的惯性。"

为什么"心灵鸡汤"、励志口号无用？为什么懂了那么多道理，依然过不好当下？就是因为坏习惯太强大了。在理性与坏习惯的对抗中，道理上应该是理性胜出，但事实恰好相反，往往是坏习惯胜过理性，感性胜过理性，情绪胜过理性。

坏习惯对常人的控制是致命性的。不少人在很多影响一生的重大决策上，往往是非理性的。比如年轻时候的上学、恋爱和择业。匪夷所思的是，人甚至明知代价也选择损害自身利益的行为。比如，吃不健康的食品、抽烟、酗酒、不参加运动等。

连岳说："被坏习惯奴役的人，品质只得低一点，而且自己的内心极其痛苦，感觉自己在为自己套上绞索，直到最后认输放弃，判自己的意志力死刑。"

坏习惯是如何养成的？

原因固然复杂，但与幼年接受的养成教育有主要关联。心理学家已经形成共识：儿童在六七岁就形成了影响一生的基本人格。童年养成的习惯、家庭培养的习惯对人一生的影响是基础性和根本性的。虽然人一辈子都可以培养习惯，改变习惯，但童年养成的习惯会影响对其他习惯的选择。比如，一个有自律习惯者会选择直面挑战，而自我放纵者会选择逃避困难和自我欺骗。一个自我中心思维者更倾向于听自己认同的道理，习惯要求别人像自己一样行事。

如何改变坏习惯？

改变习惯，本质是重新建构观念的过程，是修改、升级大脑深层认知模式（也称图式、信念、潜意识）的过程。我以为，改变的办法一是阅读，二是行动。当然，很多时候是"行动＋阅读"，二者并没有严格的区分。

对于通过阅读升级认知，**魏智渊**老师有一段话分析得非常精辟：

一本有价值的书，往往只是提供了一个或几个观念，或者一个行动框架，可以用一篇文章，甚至一页纸讲得清清楚楚。例如《习惯的力量》，只讲了一个行动结构：暗示—惯常行为—奖赏。但把这几个词告诉你没有意义，因为太抽象，没有办法在你的大脑乃至于行动中活起来，化为任何场景下的自动反应。这种自动反应，本质上就是实践智慧，或者说就是智慧，就是能力。

因此，你需要书籍中提供的丰富的语境（案例），来帮你将这个结构扎根在潜意识中，这就是阅读的意义。这个扎根的过程，不只是读这一本书，还包括其他类似主题的书，每本书可能对同一结构有不同的命名，并揭示习惯的不同方面。最终，你会通过阅读和行动，建构起越来越灵活的关于习惯的默会知识。此过程，即所谓"道可道，非常道；名可名，非常名"，是一个摆脱概念乃至于书籍，建构观念和行动本能的过程。

据我多年的经验，要达到**魏智渊**老师说的这种效果，对阅读能力要求很高，需要学会啃读、慢读、主题性阅读、研究性阅读，或者是用教的方式来读。未经训练的阅读者一般很难自动领会，对此我有深刻体会。比如，怀特海的"浪漫—精确—综合"三阶段规律，我从首次学习到真正内化，直至成为思考做事时的自动反应，经历了四五年钻研的时间。当然，能否重塑观念与学识素养高低有直接关系：学识素养高，认知升级就比较快；综合素养低，往往固化、封闭、保守，认知升级就很难。

以上分析了阅读对重塑观念的作用，接下来谈行动。

行动塑造观念。"纸上得来终觉浅，绝知此事要躬行"，人的观念很难通过听道理、听故事就改变，改变观念，不妨从行为入手。比如，学生通过挑战获得成功才建立自信，而不是先天有自信才选择挑战。我曾发布招募讲师的公告，一位老师留言："总认为自己不够优秀，所以不敢报名。"从某种程度而言，这是理解反了，不是优秀了才开始做，而是通过做才变优秀。不能总想着等强大了再承担更重要的事，而是通过挑战重要的事驱使自己变得强大。

（三）

德国教育学家博尔诺夫从人类学的角度认为，危机对于人成长有重要的意义。

常人很难挣脱"坏习惯"的控制，是因为没有遭遇危机。常年生活在同一环境之中，容易形成一种固定的应对模式。缺乏真正触痛内心的挑战和危机，也就难以激发对学习的内在渴求。有的人虽然在工作中长期遭遇困难，但已经有了"习得性无助"，自设樊篱，把失败的原因归结为自身不可改变的因素，放弃继续尝试的勇气和信心。

英雄都是被迫"上路"的。不是英雄遇到了危机，而是危机成就了英雄。神话学家坎贝尔曾总结了一个成为英雄的规律：被迫上路—遭遇危机—遇到帮助者—克服危机—成为英雄。

上海的方娇艳老师就是遵循这个规律而成为新网师中的"英雄"的。

她在 2018 年遭遇了职业生涯中的"至暗时刻"，从一所著名民办学校"自我放逐"到一所生源、校风俱衰的公办学校，被迫上路了。如果不是如此，她还会留在原来的学校，继续过着波澜不惊的生活。

在新的学校她遭遇了危机。新的学校与原来的学校相比有天壤之别：新的学校"学生成绩差、对学习几乎毫无热情，家长对教养更是充耳不闻，连办公室也充斥着松懈、抱怨和应付，大家似乎习惯了学生理所应当的差，也'看开了'教育的局面，于是有人嗑瓜子，有人玩游戏，有人咒骂孩子，有人体罚学生"。更悲催的是，方老师教了一个差班。就如《放牛班的春天》中马修老师刚到学校一样，她感到前所未有的落差和无助。然而，恰是这种危机让方娇艳老师昔日"遮蔽的生命从昏睡中惊醒，并最终独自面对自己，了解自己内心世界的真面目"。

"重要帮助者"在方娇艳老师的生命中登场了——她在 2018 年加入了新网师，这个学习共同体成为了她在危机中的"重要帮助者"。后来的故事许多老师就熟悉了——一个"英雄"就此诞生。

要发生转变，要成为"英雄"，就主动"上路"遭遇危机吧！主动选择攻克一个难题，打开一本难啃的书，换一个陌生的环境，选择一门有难度的课程，接受一个有挑战性的任务……

当然，是否能主动"上路"遭遇危机，遭遇到危机是否能战胜，根本处与我们固有的认知模式有关系。方娇艳老师已经不是第一次成为"英雄"，曾经高考失利的她，经过四年蛰伏，发生反转，取得研究生入学考试全国第一的成绩。

如何提升
自我管理能力

（一）

教育是一门艺术，凡精通一门艺术，都有一些基本的准则。教师和其他行业一样，优秀不易，卓越更难。成为一名卓越者，首要的是持守自我管理的纪律。在八小时之内，大部分教师的工作内容是相同的，无非备课、讲课、辅导而已，决定人与人差异的是工作之外的时间。然而，并不是人人能在工作之外有效管理自己。工作时间被管理、控制得太严了，一旦没有了工作压力，习惯迫不及待地投身到朋友聚会、休闲娱乐中。若非如此，反而会懒散无趣、百无聊赖、无所适从。

所谓自我管理，是指能在八小时之外严格要求自己，按时作息，减少无谓的应酬、闲聊、上网，在完成必要的家庭事务后，将主要时间投入到阅读、写作或共同体的学习中。这种管理，应该是贯穿一生的纪律，否则难以抵达卓越。人性的弱点是：怯弱、犹豫、敏感、懈怠、冲动……常人往往被其控制，甚至陷入困境而无法自拔，而卓越者可以跳出自身反观自己，不断反省。真正的敌人往往是自己，超越了自己也就开拓了世界。富兰克林将自己应该遵守的十八项美德罗列出来，每天晚上都要对应反省，在不合格的项目前做标记，进行严格的自我管理。很长一段时间，长春师范大学的孙影老师是我学习的榜样，她每天四点多起床读书，周末、假期都尽量推掉不必要的应酬，迎难而上，啃读不辍。对于严格的纪律，一开始会非常不适应，但坚持久了，就会成为自然而然的习惯。这时，你已经不把纪律作为外在的约束，而转化成为自我意志的体现。当纪律成为一种生活态度时，遵守纪律就是一种愉悦，一旦放弃，反而会若有所失。

（二）

成为卓越者，要拥有足够的专注力，让生命保持一种清澈的状态。在今天，培养专注力是非常困难的，抖音快手、可口食品、海量信息等各种各样的干扰会无孔不入地侵袭、干扰着我们的五官。身心很难进入安静状态，不是手动，就是嘴动，或者神游四海，遐想联翩。许多人也习惯了这种生活方式和节奏，一旦身体真的静下来，反而会无所适从。

如何培养专注力？专注源于心静。静能生乐，帕斯卡尔说："人不快乐的唯一原因，是他不知道如何安静地待在自己的房间里。"当一个人不再把目光聚焦于外面的世界，而拥有一个宁静的心灵时，真正的快乐才能够出现。静能生慧，周国平说："人生最好的境界是丰富的安静。"心如一杯清水，只有当水清澈时，方能客观映射世界，心不静，犹如水浑浊，导致看不明、听不清。大音希声，大象无形，真正的东西不是用眼睛看到、耳朵听到的，而是需要用心去看、听。唯有心静，方能听到日常听不到的声音，看到日常看不到的景象。

（三）

培养专注力要学会独处。每天给自己一段时间，在这段时间甚至不看书，不刷手机，不上网，潜心静悟，倾听内心的声音，和自己对话。留出时间专心欣赏一段音乐、图画，阅读一本好书，或者认真和他人谈话。

优秀者，每临大事有静气；平庸者，稍遇小事即浮躁。许多优秀人物都非常注重培养专注力，专门选择闹市喧嚣之中来培养、砥砺自己的专注品质。正是通过这种有意识的训练，生命拥有强大的力量，能够长时间专注于某一事物，能够在任何环境中保持自己的习惯，能够迅速沉浸到当下事务中来，思维能够在不同的内容之间敏捷切换。

经典书（尤其是翻译来的西方书籍），理论多，逻辑性强，抽象概括，语言表达方式和我们所习惯的也不尽相同，如果没有一定的专注力，不长期沉潜，很难读懂、读透。大多数中小学一线教师，都少不了一定的交往应酬、家务琐事，如果没有强大的内心定力，自己很容易被生活裹挟，失去自我。新网师提倡每天至少阅读1小时，但真正能坚持下来的，能有多少？

（四）

保持专注，需减少无意义的交往。与生命力刚劲昂扬、有思想之人谈话，可启迪心智，让人醍醐灌顶，豁然开朗，正所谓"听君一席话，胜读十年书"。与生命力平庸、缺乏进取心之人谈话，往往自说自话，东拉西扯，不痛不痒，言之无物，闲扯一番。与消极悲观之人谈话，对方貌似洞察世事、了悟人生，实则悲观失落、牢骚抱怨，散发出一股陈腐世俗之气。

如母亲对婴儿的一举一动保持清醒一般，我们同样要清醒地面对自己。当困乏消沉、灰心丧气、浮躁冲动、怒气冲天之时，不应该听任负面情绪控制自己，甚至为其找借口，而要保持警觉，倾听内心的声音，问问自己到底发生了什么，为什么会这样。与人对话，要清醒地听明白对方的心声，切忌漫不经心，心不在焉，自说自话。要生活在当下，专注于当下之事，而不要做着这事，想着另外的事。

（五）

读书要有足够的耐心。曾国藩说："读经有一耐字诀。一句不通，不看下句，今日不通，明日再读；今年不精，明年再读。此所谓耐也。""史书必须天天看，不能间断。""每天要读一首诗。"读书是一个长期连续性过程，每天都必须坚持阅读，不能心血来潮，一天读好几个小时，热情过了，又好多天不摸书了。如果用感性阅读的方式，以急功近利的心态来阅读经典书，只会囫囵吞枣，学得一堆僵死的知识。

今天市场化、信息化社会追求的恰恰不是耐心，而是快，凡事总希望用最快的时间达到最好的效果，然而，欲速则不达，想尽快取得结果的人很难精通一门艺术。做真教育就是一场修行。一旦决定要做，你就必须有坚定的信念，必须怀揣激情梦想并愿意脚踏实地地去奋斗，必须时刻听从内心的声音，排除所有的干扰。生命是一段旅程，工作是一场修行。我们在黑暗中并肩而行，走在各自的朝圣路上。

疫情常态化时代的
观念转变

　　全球新冠肺炎疫情目前还看不到完全控制的时间表，大概率地我们要做好在疫情常态化下生活和工作的心理准备。那么，疫情常态化给生活和工作带来哪些影响？个体如何克服？克服这些影响需要哪些条件？我们该如何做？

　　疫情常态化给生活和工作会带来的影响是：人与人之间将减少接触，人们将减少聚集，减少远行。如果你从事的行业或工作，人与人之间接触多（如餐馆、电影院、商场），主要依赖聚集（如大型赛事、会展和实地培训）和远行（如旅游、外出开会）才能完成，就要受到持续影响。

　　个体要克服这些不利因素，就要创立这样一种工作模式：减少或者不需要接触、聚集和远行也能完成。不需要面对面就能对话，比如电话沟通；不需要现实中聚集就能实施，比如上网课；不需要远行也能运行，比如运用远程在线平台；不需要亲自参与也能正常运转，比如依靠团队协作。

　　克服这些影响需具备哪些条件？第一，观念的转变。社会已经发生变化，思想观念也要更新，否则，拿着"旧船票"岂能登上"新客船"？后面会详细分析。第二，提高自身实力，能持续输出高质量的"产品"，用自己的双手创造财富。你的"产品"是什么？或者把一件物品做到极

　　　　　　　　　　　　　　　　　教师成长力：专业素养发展图谱

致，比如做出全城最好吃的烧饼；或者在某个领域有大众不具备的洞见和方法，比如你对教学有独到的研究；或者精通某项技能，如能修理电脑。第三，有创造平台的能力，即完全不依赖你当下的平台（单位、部门、头衔、职位），你能从零起步，自我创造平台。第四，有战略眼光，以终为始，着眼于五年或十年后来思考当下的选择，持续塑造个体或团队的品牌。

核心要素有三：团队、高质量的产品和品牌。团队创造产品，岁月积淀品牌，品牌吸引客户。当三要素具备后，就可借助网络平台，自我定价，销售产品。春种一粒粟，秋收万颗子。急功近利，心浮气躁，投机取巧是大忌。

具体该如何做？

1. 实现两个转变。第一，从"做好职业"到"创立事业"的转变。《穷爸爸与富爸爸》一书对事业、职业、收入和资产进行了独到的分析。"事业"不同于"职业"，"事业"是那些不需要到场就可以正常运作的业务，而"职业"是必须到场工作才能运作的业务。从这个角度来看，即使你拥有一家大企业，而这个企业必须在你的领导下业务才能运转，那它也不是你的事业，而只是你的职业。第二，从关注收入到关注资产的转变。有了资产，你不需要到场，也可以不断获得收入。在书中，作者认为真正的资产可以分为以下几类：

（1）不需要我到场就可以正常运转的业务，我拥有它们，但是由别人经营和管理；（2）股票；（3）债券；（4）共同基金；（5）能够产生收入的房地产；（6）票据（借据）；（7）版税，如音乐、手稿、专利；（8）其他任何有价值、可以产生收入或有增值潜力并且有很好销路的东西。

2. 培育个人品牌。品牌就是影响力、生产力。疫情前，深圳名师熊芳芳辞掉了公职，为什么她能辞职，敢辞职？根本原因是自身有影响力，她完全可以依赖自身在岁月中塑造的品牌借助网络平台开课，做自己喜欢做的事。

有人也想在网络平台开课，但报名者寥寥，为什么？因为你没有塑造起个人品牌，没有品牌就缺乏影响力。深层次原因，是缺乏塑造品牌的意识。

如何建立个人品牌？持续高质量地输出。比如运营微信公众号、做公益讲座、出版书籍、在各大报刊发表文章等。如果你有一技之长，如厨艺、种花、朗诵等，也可在抖音、快手上展示，聚集自己的流量池。

3. 创建团队。如何才能有"不需要自己到场就可以正常运转"的事业？学会投资，购买股票和一二线城市能增值的房子是一种方式。但还有一种途径，即加入一个优秀团队，甚至创建一个团队。与个人的"单打独斗"相比，团队的优势在于发挥个体特长，实现专业化，而专业化又会扩大运营规模，扩大规模才能提升效益，提高抗风险能力。

理想团队的模样是怎样的？通过专业知识提供专业服务。借用"辉哥奇谭"的话说："通过出卖脑力，而非出卖时间来服务客户；通过结果，而非过程获得收入；通过互联网平台而非'一对一'来低成本规模化。"及早创建团队，做一个长远规划，持续输出专业知识，在岁月中积淀团队的品牌，培育稳定的受众，这需要耐心和恒心，更需要持续的自我教育和自我成长。

4. 学会推广自己和团队。"酒香不怕巷子深"是农业社会的观念，当今社会，有优秀的产品，还要有超强的推销。里德·霍夫曼在其著作《闪电式扩张》中说："一个残酷的事实是，推广出色的优秀产品几乎总能击败推广不佳的伟大产品。你必须擅长推出产品，然后你必须善于吸引用户，再然后你必须善于建立商业模式。如果你遗漏了这根链条中的任何环节，整个链条就会瓦解。"要推广产品，先推广自己，推广自己的思想。要学会推广，就要阅读营销方面的书籍，学习营销知识，建立并呵护在他人心目中的信任感。

危机，危机，危中有机。疫情常态化，给生活带来诸多不便，给工作造成诸多影响，但也给我们带来新的思考和新的可能性。面对未来诸多的不确定，我们依然相信远方，相信更广阔的未来。

VI

第六章

—

榜样揭示
自我镜像

导　语

一个人能走多远，要看他以谁为榜样；一个人能有多大成就，要看有谁指点。生命成长的过程，是一个不断寻找榜样，靠近榜样，成为榜样的历程。寻找榜样，就是设定"自我镜像"，设定"未来的我"，设定一个自己要成为的人。然后以这个愿景来决定当下的取舍，指导当下的行动。榜样是一个共同体使命、愿景、价值观的形象展示和直观呈现，要凝聚学习共同体，就要不断呈现榜样，发掘榜样，言说榜样。通过榜样的故事感染人、启发人、吸引人、召唤人。教师要成为学生的学习榜样，与学生一起跋涉在取经之旅，而不是站在终点说："我在这里，你们来吧。"

一位卓越教师的
成长范式

我与江苏淮安的孙静老师在 2010 年通过网络而结识。

2010 年，我在新网师作为讲师承担"小学语文研课"课程，孙静老师选修这门课并申请担任组长，组长的职责是协助讲师完成收集作业、整理研课实录、统计成绩等繁琐工作。我主持研课一年，共 16 次研课，她承担了全部实录的整理。尤其是后半学期，她的工作有调整，孩子上了小学，学校也有课题，面对繁重的工作，她总能高效及时完成，且没有任何差错。后来的几年间，她继续做了大量事情，完全是没有任何报酬的公益劳动。

除了义务承担组长的工作，她还深度参与语文研课。新网师研课的高度、深度和专业度，在国内基础教育一线是少有的。孙静老师总是认真完成预习作业，积极参与课堂讨论，发言往往一语中的，其不俗的教学水平令大家刮目相看。后来，孙静老师接替我承担了语文研课的工作，对全国几百名语文老师的课堂教学进行专业指导。

后来，当我得知孙静老师被评为江苏省语文特级教师时，并不感到意外。优秀是一种习惯，她在新网师呈现出的与众不同的卓越特质一定会影响到其工作、生活的方方面面，评选为特级教师是顺其自然，实至名归的。2018 年，我开始主持新网师的工作，就正式聘其担任"语文研课"讲师。担任讲师后，孙静老师勤勉的敬业精神、广博的专业知识、独具匠心的教学设计，一次次让众多学员脑洞大开、豁然开朗。一学期下来，学员们受益匪浅，麻海娥老师说："在孙老师的带领下，每次作业设计都是一次成长，每天的打卡日记也是一次成长，学习让自己慢慢发生了蜕变。"

回头来看，孙静老师是如何从一名普通教师成长为特级教师的？她的成长之路为中小学教师提供了一个怎样的范式，带来怎样的启迪？一线中小学教师可以从孙静老师的成长中学习借鉴什么？

这些都值得探讨与分析。

教师的专业学习受三方面的影响：学习内容、学习动机和专业互动。学习内容指知识和技能；学习动机指学习的动力、情绪和意志；专业互动指在情境中学习、对话与合作。

从这三方面来看，中小学教师的专业发展目前主要存在三方面不足：一是在学科知识上深度和广度不够，大部分教师所学局限于教科书、教学参考书的内容，教中学的教师慢慢就停留于中学高度，教小学的教师慢慢就成了小学水平，对学科知识缺乏更多的好奇和探究，视野狭窄，积淀贫瘠，文本解读功底不够，缺乏复活知识的能力。在设计教学时，无法发掘知识的魅力，问题设计碎片化，缺少"大问题"、框架问题和核心问题，更缺少利于高阶思维、深度学习的挑战性问题，课堂教学有温度却缺高度。学科知识不精深是制约课堂教学水平的根本原因。二是对教师职业的认同度不高，仅仅把教书育人当作一项养家糊口的职业，而不是终身探究的事业。自身缺乏成长的强烈愿望和勇猛精进的行动，专业学习更多的时候是被动完成学校的任务，而不是基于内在的需求。自我成长的动力不足，是影响专业发展的主要原因。三是书本学习多，在实际情境中学习少；泛泛而谈多，高质量对话少；独自探索多，合作交流少。

孙静老师的成长，恰恰是对这三方面的突破。

在孙静老师工作十年后，很幸运地扎进新网师的大海中遨游，开启了真正的专业学习。一次次学习上的极限挑战，为她的课堂教学打下了牢固

教师成长力：专业素养发展图谱

的基石，海量的啃读学习为她理解教育、理解教学、理解学生提供了广阔的知识背景和新的角度，让课堂教学有了厚度和高度。专业学习促进了专业研究，孙静老师申报一项项省级、国家级课题，研究教育教学和生命成长的内在规律，从经验主义者转变为一个专业主义者。

要成为一个专业型教师，需要长期沉潜学习，这是一个漫长和艰苦的过程，如果仅依靠外在要求而没有内在自觉的强烈愿望，是很难长久坚持的。许多一线教师有才华但缺乏根本性的成长，就是因为缺乏渴求成长的内在动力和长期勇猛精进的品质。孙静老师则不然，从成为教师的那天起，虽然在工作中也坎坎坷坷，但她从未止步、满足于外在的要求，而是始终保持一种内在的、自觉的进取意识。在第一个十年，陷于困境而绝地反弹，在课堂研究与专业阅读的双驱动下，成为了优秀教师。在第二个十年，当大多数教师认为评上特级就熬到头时，孙静老师加入新网师开启真正的为己之学，把教育当成了自己毕生的事业和志业。

孙静老师之所以能保持如此刚健的进取精神，与专业互动也密不可分。专业互动的关键，一是走出固定的环境、圈子，与外面的世界交流，与高人对话；二是实现新学的内容与原有的经验的对话。

现实中，很多教师习惯于独自备课、上课、反思，虽然参加教研活动，但也往往流于形式，很难参与高质量的对话。虽然也有机会外出参观、研讨，聆听名家的讲座，但由于自身学识薄弱等原因，导致所闻所睹无法与自身经验链接。从皮亚杰建构主义理论来看，同化和顺应的质量不高，学习就难以真正发生。

孙静老师长期沉潜于新网师这个学习共同体。在这个平台上，她得以与朱永新、李镇西等国内一流专家直接对话，与国内数百名中小学教师一起选修"苏霍姆林斯基教育学""中西方哲学"等课程。在这样的专业互动中，彼此切磋，相互砥砺，合作探究，共同学习，共同成长。

加入一个专业学习共同体，与外面的世界链接，向高人学习，与同侪同行；把教师职业作为此生之天命所在，专业成长成为内在需求；向经典学习，带着问题学习，如饥似渴地探究学科知识和教育学、心理学等专业知识——这是孙静老师为一线教师提供的成长新范式。

按照英国哲学家怀特海的"浪漫—精确—综合"三阶段理论，孙静老师已经穿过了浪漫期和精确期。未来，希望孙老师能勇于突破自我，进入足够丰富和开放的综合期，形成足够卓越的专业洞察力和解决问题的能力，使自己成为职业之人，也赋予自我有限的一生以最终的意义。

"何刚"是怎样炼成的

成都何刚老师的 2019 年度生命叙事《走进新网师，我的生命冲破外壳》入选"十佳"，我曾写了点评《出走半生归来仍是少年》。2020 年，他的年度生命叙事再次入选"十佳"。

如果让我选关键词来概括何老师两年的生命叙事，2019 年度的关键词是"冲破"：冲破安逸的生活，卷入专业学习；冲破傲慢与偏见，倾听内心的声音；冲破固定的时空，加入新网师卷入更大的洪流……2020 年度的关键词则是"滚烫"：生命炽热，学习火热，工作热腾，学习与工作、生活完美融为一体，酿造了温暖、饱满、芬芳，也有触痛的一年。

（一）

刘广文兄与我交流年度生命叙事，说了一段非常精辟的话：

"过一种幸福完整的教育生活，是一种理想的生命状态，是新教育的理想愿景。'十佳'叙事，表面上要看其在新网师的学习，看其实践，看其实践中的水平、反思、对学习成果的运用，但这一切背后的根本，是叙事者的生命状态，对生命意义的追求，对教育的热爱，对生命完整圆融状态的追求。"

我以为，何刚老师达到了这样的标准和境界。

（二）

从学习状态来分，新网师中的学员分为四类：生命唤醒，深度卷入者；勇猛精进，勤勉求知者；观望旁听，潜水学习者；徒有其名，无影无踪者。

何刚老师属于第一类，他的特征是：

1. 学习勇猛精进。

仅看看这些数字，就可窥一斑而知全豹："2020 年，我坚持写打卡日记，在"给教师的建议"的课程学习中打卡 168 天，本学期的学习中持续打卡 138 天，至今共写 577 篇日记，获得 6339 次赞、134 次置顶。""我建起了自己的公众号——'水穷斋'，这是我的精神小屋，我日更一文，至今积存 196 篇，近 50 万字。"

2020 年，何老师精读了《儿童的人格教育》《改变教育的十二个关键词》《给青年教师的四十封信》《未来学校》《岛上学校》《学校如何运转》《全世界都想上的课》等书籍，每读一本就写一篇读后感，共写了近 20 篇。除了在新网师深度学习，还在 CCtalk、蒲公英教育智库、深度语文研究群、"云伴读"等学习共同体广泛涉猎。

新教育实验所倡导的教师专业发展"三专"理念（专业阅读、专业写作、专业交往）在何刚老师身上得到最好的呈现。

2. 灵魂内在觉醒。

"谁知道我们该去向何处／谁明白生命已变为何物／是否找个借口继续苟活／或是展翅高飞保持愤怒／我该如何存在""谁知道我们该梦归何处／谁明白尊严已沦为何物／是否找个理由随波逐流／或是勇敢前行挣脱牢笼／我该如何存在"。（汪峰《存在》）

我能从何刚身上感受到这种强烈的生命觉醒感，"实迷途其未远，觉今是而昨非"。

年已不惑的何老师 2019 年就不断叩问自己："模仿每个专家名师却一直活在他们的教育词汇里；文章小奖不断，却没有长久深入地研究，也没有发出自己的声音；书上千册只说明'爱书'，却不一定是'阅读者'，更说不上'啃读者'；职称证书里写上了高级，却没有自己专业成长的痕迹；成为教导主任，却不一定有领导力，居然对儿子的学业无能为力。"

何老师以加入新网师为生命中的标志性事件，生命大河陡然转向，自我意识猛然警醒，再也不想回到过去不自觉、跟大流的生命状态中。

3. 行动自觉主动。

许多教师在大部分职业时光里习惯"被安排"：按照教务处排好的课程表上课，按照学校的通知听报告，按照已成惯例的晋级制度拾级而上……总之，在一切安排好的系统中忙忙碌碌，或喜或悲。更多的人困于自我的本能、诱人的声名、外在的潮流以及旋起旋灭的情绪之中，很少真正理性思考，独立判断，主动追求，自觉行动。

而何刚老师不是这样。他主动成立学校读写社，自觉成为新网师的"推销员"，犹如宗教徒般地对同事尤其是青年教师"劝学"，每天晚上哪怕再迟，也要更新微信公众号……

当一个人的行为超越领导安排，超越他人要求，超越环境限制，乃至超越自身本能，而出于内在认同时，也就更趋向于生命的自由境界。

4. 认知审辨反思。

反思是教师专业发展最重要的途径和最鲜明的标志，一个不善于反思的人很难有真正的成长。在何老师的叙事中，我处处感受到他的这种自我反思。

用苏霍姆林斯基的教学思想反思儿子学习暂时落后的原因；在行动中反思教育的真谛——"不断地打破自己，不断地重组自己，不断地更新自己，用阅读注入活水，用写作砥砺思想，用课堂实证理论"；在专业学习中反思教师成长的要旨——"行动至上才是成长的本质"；在孩子学习遭遇重大"挫折"时，用博尔诺夫的危机观念给自己以信心和方向；在纷繁复杂的各种事务中，用管理学的理论和方法警醒自己，最终"把一地鸡毛拾起来扎成一个鸡毛掸子"。

（三）

现代社会的观念深刻塑造社会的方方面面，乃至重新塑造了人。二元对立思维、成功学、应试教育又交织混合塑造了今日的教师。

追求幸福是每一个人终其一生的终极追求。今天的社会对教师提出更高的要求，应试压力下中小学教师的身心健康也不容忽视，教师如何实现真正的幸福？是选择埋怨、逃避，"世界那么大，想出去看看"，还是与应试教育合谋，在应试的机器系统中麻醉灵魂？是追求纯技术路线，醉心于方法与技巧，还是在本源处反思，回归教育本真？

正如帕尔默所言"真正好的教学不能降低到技术层面，真正好的教学来自教师的自身认同与完整"，新教育实验提倡像孔子一样当老师，不单单重视专业发展，还重视职业认同。

如果单纯比学习与工作，或许如何刚老师这样的教师很多，但能从其身上看到孔子、王阳明、苏格拉底、甘地、苏霍姆林斯基、雷夫的影子，这样的人就不多了。

我认为，身心合一，内外统一，回归教育本真，是教师在现代社会实现幸福完整的必由之路，理想之路。这也正是我想通过叙事和点评来彰显的重要内容。而且，更重要的是，实现这一点并不是遥不可及，生活中，已经有何老师等一批老师已经实现，或正在朝这个方向迈进。

（四）

我与何老师有许多相同之处：文科背景、理想主义、人到中年、偏向学术……

在何老师身上，不由看到自己的许多影子，也不断唤起对中学工作、农村支教、网师修炼等生命历程的回忆。当然如果换一个位置，我处于何老师的位置，很难确定能做到像何老师这样强大而丰富。

何老师对我说，希望提一些建议。

如果要提出一些建议，可以概括为两点：

一是工作做减法。既要学习儒家，也要学习道家，让生命更多一些从容而优雅。人的精力和时间都是有限的，学术与行政是两个完全不同的方向，学术要求深而专，行政要求广而博，同时兼顾，两者都很难深入而做精。人到中年，是能感受到自己喜欢什么、擅长什么的，遵从内心声音，拿起"奥卡姆剪刀"，"剔除"生命中的"累赘"，轻装上阵。其实，在根本处，也并不会真正失去什么。

二是学习有聚焦。广义来说，知识是学不完的，也不必要全学。犹如凸透镜聚光发热一样，学习也需要聚焦。聚焦于问题，围绕问题的解决而学习，选准一些重大问题，如文本解读、课堂教学，有计划地攻克一个个"山头"，如作文、诗歌、散文、中考等。像老中医一样，具备"知识图谱"能看病解决问题，而不是卖中药者，只有"知识体系"，只能给人"抓药"。

如果把新网师比作一个熔炉，何刚老师就是一块经过炼制的好"钢"。期待在岁月中炼制得更纯、更精，也期待涌现更多的好"钢"。

愿你从优秀迈向卓越

年度生命叙事在新网师架构中有着非同寻常的价值，只不过它的意义还没有被充分诠释，大多数学员还没有完全领会，误以为是一份形式主义的年终总结。

阅读、欣赏江苏周娟老师的 2019 年度生命叙事《2019，为爱行走》，并尝试去理解、探寻文字背后的生命。

源于先天的遗传基因，以及后天的原生家庭、成长经历，个体经过从出生到青年期的浪漫阶段，进入中年的精确阶段，会越来越体现出一种稳定的生命气质，或者说人格。你可以说这是宿命之咒语，但也可以说是自由之源起。生命最终呈现如何的走向，本质上取决于个体的选择。

虽然 2019 年的生命叙事只是周娟老师生命年轮中的一个横切片，但还是能隐约体察到她的生命气质：温婉沉静，追求完美。"自己从小到大一直扮演着'乖乖女'的角色，好好学习做名好学生，好好工作做名好教师"，在家里是好妻子、好儿媳、好母亲，在单位是好老师、好下属、好领导，体现着古典的中庸与和谐。这也是许多人追求的理想状态，是学校想培养的理想学生。

周娟老师在穿越了工作浪漫期之后，还能保持一种"空杯心态"，依然充满对知识的渴求，对未知的好奇；当许多中年人开始厌倦、冷漠甚至油腻时，她的生命还能如一眼清泉汩汩流淌，明亮而清澈；当中年女人刷着抖音、逛着淘宝，用美颜试图抵抗岁月的侵蚀时，她能主动走出舒适区，勇猛精进，在承担中给自己加压，在行动中拓展认知的疆域。周娟老师呈现的精神生命与新网师的文化之魂高度契合。

人生短短，肉体脆弱。如果没有精神生命的充盈与丰富，人与动物有多少区别？孔子、孟子、王阳明、苏格拉底、柏拉图等古代哲人之所以伟大，不是因为其自然生命的延年益寿，不是因为其社会生命的封官进爵，而是因为其精神生命的高度与自由。这正是人之所以为人的庄严之处。

我们无意评价哪种生命更有价值，哪种活法更有意义。但新网师还是有其鲜明的价值取向的，我们汇聚的是一个个能够发光的生命，或猛烈地燃烧，或静静地热烈，或犹如野火在地下涌动。在周娟老师的 2019 年生命中，我感受到了这种温暖和明亮。

但是，我们知道生命要持久燃烧，必须扎根于生活的田野和工作的实践之中，必须有伟大事物投注到生命之中。这正是生命成长的两种持久滋养：一种从实践中获得养料，一种从哲人大脑中获得智慧。生命是一种编织，如果网师学习与工作、生活没有编织在一起，如果日常工作和生活不能从学习共同体中得到启发与照亮，那么，当度过了与共同体相逢的浪漫期，学习热情就很容易减退甚至中止。这种现象在新网师中并不鲜见。

从这个角度而言，周娟老师的叙事更像是新网师学习叙事，而不是完整的生命叙事。新网师学习是她 2019 年最明亮的部分，但不能代表生命的全部。完整的生命史除了学习还应包括工作、家庭和生活，除了鲜花与美酒，也不回避困倦、犹豫、痛苦、脆弱。有明亮就有黑暗，有惊艳就有庸常，有宏大就有琐碎，后者虽然不是我们的聚焦所在，但也有其价值与意义。没有淤泥的滋养，哪有莲花的洁白？

周娟老师无疑已经抵达了优秀阶段：赢得了周围人的认可，经验丰富，工作驾轻就熟，有一定的资历、职称和职位，富有成就，家庭幸福，生活稳定。这是许多教师所渴求的。

其实，生活的样式本应多种多样，每个人的生命气质、生活处境各不相同，没有什么统一的模板，更何况我自己哪有资格扮演"人生导师"去指点他人，但既然阅读了，总免不了谈一些个人拙见，或许能带去点启发。

生命还可以从优秀走向卓越。

这种卓越，不是职称、荣誉和职位的累加和进阶，而是生命存在的领悟；不是知识的高度，而是存在的深度，是为学日益、为道日损的持续修炼。生命在岁月中逐渐剪去那些曾经丢不下的枝枝蔓蔓，淬炼为一柄锋利而精纯的宝剑。

如果说从平凡到优秀是不断汇聚和累积，那么，从优秀到卓越，是一个重新打破和重塑的过程。从美学风格来说，优秀呈现的是"优美"，卓越呈现的是"崇高"，站在高峰之巅、领略旷野之风，天地静穆，月华如水，"判天地之美，析万物之理"，对生命、世界有深刻的洞察。

人的生命是一个不断书写中的故事，每个人都是自己生命叙事的唯一主角。成熟者，将是自己生命故事的书写者。任何一次抉择，都有可能改写整个人生故事的走向。

不禁憧憬：若干年之后，回头审视这份年度叙事，会成为踏上征程的开端吗？

祝福并期待！

以专业学习
促进教育实践

虽然每个人的职业发展都是一条独一无二的路径，但按照怀特海的认知发展三阶段理论，教师成长的理想模型必然遵循"浪漫—精确—综合"三阶段的发展规律。

（一）

如果视职业生涯为一个整体，那么成长的路径是：职初三到五年为浪漫阶段，教师对工作充满了热情与好奇，将整个生命卷入教育之中，以存在的力量感染教室里每一个活泼泼的生命；进入精确阶段，教师以专业的态度和方法研究教育教学原理，对生命、教育、教学、课程等，既有理论性理解，更有实践性、默会性领悟；进入综合阶段，教师形成了比较自觉的教育哲学，练就了行动与思考的专业本能，能够合理解释、有效解决教育教学中的大部分问题，逐步形成自己独特的教育风格。

然而，现实中许多教师在浪漫阶段结束之后，迟迟或很难进入精确阶段，执迷于简单的技术方法和策略，逐渐丧失了对于知识的惊异、对未知领域的好奇心，直至丧失了对教育教学的热情。

而王辉霞老师不是这样，在她的生命字典中没有"倦怠"二字。通过阅读她的 2019 年度生命叙事，我感受到的是一种纯粹，岁月之河将繁芜杂质过滤后的纯粹。她视课堂为道场，视教学为修行，一年 365 天，心心念念，为学日益，为道日损。

（二）

如果说周娟老师的生命气质是温婉沉静，追求完美；那么，王辉霞老师让我领略到的是另一种风格——朴实无华，饱满芬芳，宛如中原大地的一株麦穗。

朴实无华，一方面指叙事语言朴素平淡，另一方面指叙事内容为日常工作，大篇幅记录了对课堂教学的研究、探索和思考。然而，"看似寻常最奇崛，成如容易却艰辛"，朴实的文字是一步一个脚印扎实走出来的，做得好才写得好。

饱满芬芳，是指个人学习与现实工作严实编织在一起。她是一个由目标指引，积极搜寻知识的行动者，对课堂教改念兹在兹，对专业学习孜孜不倦，带着真实需求探求学问，用所学新知启发教改。如果把网师学习、外出讲座、脱产研修视为纬线，那么，课堂教学、课题研究、学部管理就是经线，经线和纬线严严实实地编织出了华彩的 2019 年。

课堂教改激发求知欲望，专业学习提高教学水平，工作成就提升生命质量。学习、生活、工作、生命互不分割，彼此促进，这不就是新教育实验所提倡的"过一种幸福完整的教育生活"吗？

做到这一点是不容易的，我在许多老师的年度生命叙事中，看到学习和工作仿佛水和油在一起，相互割裂，没有融合，这不符合新网师的价值观。脱离工作的学习，很容易滑向逃避，把书斋里的论道来当作自己教育失败的避难所，在书籍的词语中获得虚幻而无力的满足感。脱离学习的工作，很容易成为束缚生命的枷锁，也如一辆不加注汽油的汽车，跑不快也跑不远。

（三）

　　为什么王辉霞老师能将专业学习与教育实践严密编织在一起呢？我认为有三点原因：

　　一是对教学的热情和对知识的渴望。她的关注点在课堂教学，对待教改如恋人，朝思暮想，念兹在兹。当代人缺的不是食物，而是食欲；缺的不是知识，而是渴望。选修网师课程，参加汝阳共读，信阳师院一月求学，远赴福建引领示范，道口二中送教下乡，无不求知若饥，虚心若愚，生命始终处于明亮状态。

　　二是学习少而透彻，将书籍契入生命。专业学习忌讳多而浅，到处挖井，不见泉水；忌讳三分钟热度，稍有难度就放弃退却。网师课程是有难度的学习，王辉霞老师选修了"教育写作"与"静悄悄的革命"两门课程。在"静悄悄的革命"课程中，半年时间，打卡152天，写下20多万字，掘井及泉，可谓用生命穿越课程。正因如此付出，内心才形成一种深刻的状态，从而确保生命朝着一个明确的方向前进。

　　三是自我的知识积淀。同样是学习"静悄悄的革命"，王辉霞老师知行合一，如虎添翼，而有的老师好像学的是屠龙之技，纸上谈兵。为什么有如此大的差别？自己有什么，才能看到什么。不要只看到她学以致用，而不关注她在网师学习之前，就长期对课堂教改孜孜不倦地探索，在小组合作方面已取得不菲的成就。一个人能学到什么，深深决定于他已有什么。"已有的知识极大地影响人们对周围环境的关注以及组织环境和解释环境的方式。反过来，这也影响着他们的记忆、推理、解决问题、获取新知识的能力。"（《人是如何学习的》）

　　这何尝不是一种幸福？不好高骛远，不活在他处，像农人一样躬耕田地，日出而作，日落而息，播下种子，锄草、施肥、浇水，充满期待……

（四）

那么，继续修炼吧，不要急于求成。

这种修炼不仅指向外的课堂修炼，还包括向内的自身修炼。如果没有修炼自身，而只是专注于课堂之事，只是将自己变为高级的初中生，变成高级教练，而很难成为导师，把学生带向最高的可能性。生命也正是在这种持续修炼中，从自发到自觉，从而愈加明亮。

未来，当从精确阶段进入综合阶段，你会领悟到，作为一个导师，思考的重心将逐渐从课堂过渡到活泼泼的生命，不仅关注学生的当下，更关注未来：中学阶段，应该为孩子一生的幸福奠定哪些关键知识和能力？是什么让一个生命真正变得优秀？孩子未来的成就受哪些核心要素的影响？孩子的健全人格、道德认知、审辩式思维是如何培养起来的？

你还会领悟到，"教什么"比"怎么教"更重要，课程比课堂更重要。到那时，即使是对课堂可能也有不同维度的理解：我是在教应试，还是在教语言？我是在用语言教内容，还是在用内容教语言，甚至是在用语言教文化？

（五）

"离你越近的地方，路途越远；最简单的音调，需要最艰苦的练习。旅客要在每个生人门口敲叩，才能敲到自己的家门，人要在外面到处流浪，最后才能走到最深的内殿。"（泰戈尔）

不必过早停靠，就在知识的旷野流浪吧。

至暗时刻
淬炼人生智慧

马增信老师与大多数新网师学员有一个很大的不同。

马老师已过知天命之年，孩子已经长大成人，自己也没有职位、职称、荣誉等外在需求，但马老师为什么还要和年轻人一起孜孜不倦地啃读学习，并志愿承担那么多工作呢？

他的回答是："我想在学习中，寻找到教育的真谛，完成后半生的人生规划，让生命在夕阳中发出微弱的光，为自己并不完美的教育生涯，画一个相对圆满的句号。"

"不完美的教育生涯"？为什么不完美呢？新网师能补缺这个不完美吗？

马老师在叙事中感慨道："回望已经走过的人生路，感慨多多。30 多年迷茫中，我荒废了太多的宝贵时光。感谢新网师为我的人生纠偏，让我有机会在知天命的年龄，校正自己的专业成长之路，品尝到生命拔节的快乐。"

是的，在功利主义、应试教育盛行的时代，新网师独树一帜地提出"真正热爱学习、真正热爱教育、真正热爱生命"的价值观，就是想重新召回那些被遗忘的朴素真理，照亮迷失者的路。

"老马识途"，找到路了。

（一）

但为什么不是所有的人都有如此感悟呢？原因固然多样，但文章中的一句话引起我的关注和思考。"2016 年，一场突如其来的病痛和手术，曾让我感受到和死神擦肩而过的惊恐，也让我对生命有了一次刻骨铭心的顿悟。"哦，这段"至暗时刻"让马老师经历了一次虚惊一场的劫难，也伴随而来一次生命全新的洗礼和顿悟。

博尔诺夫说："人只有通过危机——基本上没有其他途径——这种最大的威胁才能获得真正的自我，亦即获得一个稳定的、不受任何影响的、对自己负责的状态。只有这样，人才能成为真正合乎道德的人。因为这一过程不是一蹴而就的，所以我们也可以这么说，向某个新的生命阶段的过渡只有通过危机才能得以实现……任何人除了坚定地渡过困扰人的危机以外就不能获得内在的独立性。只有在危机中或经历过危机我们才能成熟起来。"

正常情况，我们的生命犹如一辆车在高速路上疾驰，而死神的凝视会让生命突然刹车，从来没有过的巨大恐惧会逼迫自己重新审视过往的路，思考这短短一生的意义。当遭遇"至暗时刻"才会彻悟：这一辈子什么才是最重要的，什么是次要的；什么是应该割弃的，什么是应该拿起的；什么是可以忽略的，什么是必须追求的。生命才抖落厚厚的尘土，轻装上阵，重新谋划当下和未来的选择，真正不白活一回。这就是海德格尔说的——向死而生。

正是生命中的危机、"至暗时刻"的顿悟，让马老师遇见了新网师，从而形成了关键选择。

什么叫遇见？遇见不是见到，而是点燃；不是物理反应，而是化学反应。和氏璧对于楚王不是遇见，对于卞和才是遇见；千里马对于车夫不是遇见，对于伯乐才是遇见；俞伯牙对于常人不是遇见，对于钟子期才是遇

　　　　　　　　　　　　　　　教师成长力：专业素养发展图谱

见；加入新网师不是遇见，生命发生裂变才是遇见。

什么是关键选择？关键选择是一见钟情，是心心相印，是刻骨铭心，是念念不忘，是点亮燃烧，是拔节生长，是灵魂皈依。

（二）

常人活着，就如一个酒醉的车夫驾着马车行走，看上去是车夫驾车，实际上是任由马拉着盲目走。马老师突然"酒醒"了，在许多快退休的同龄人已经对教育厌倦、冷漠、麻木的时候，他如清泉般咕咕地奔涌出生命的活力。2019年，他校内组织读书会影响青年教师，校外承担附属学校的项目，远赴东北等地讲学，承办高研班，组织"杜威读书部落"……饱满而精彩，丰厚而纯粹。

读这样的生命叙事，我在想，它能给我们这些没有经历生死危机者以启发吗？能够点燃年纪尚轻但已冷漠倦怠者的热情吗？能够召唤那些在新网师边缘的彷徨者重新鼓起勇气上路吗？

如果不能，那么我们又能从马老师的叙事中收获什么？难道我们只是如舞台下的观众一样，看完故事打道回府，只留一些谈资？难道命运如此诡异，必须遭遇危机才能顿悟吗？

我希望，所有的老师都能从马老师的叙事中得到启发，都能借马老师的顿悟形成自己的领悟，而不是一定经历与死神凝视，因为那样代价太大而且往往不可控。希望早日能够像马老师这样对人生拥有存在性的领悟，剪去枝枝蔓蔓、患得患失对生命的缠绕，以纯粹沉静之心投入到学习求知当中。只不过，期望归期望，也许年轻人们一定得经过岁月的冲刷才能有"桶底脱落"的彻悟，一定得先迷失在宿命般的丛林才能找到"回家"的路。

（三）

在上两篇叙事点评中，我对周娟的评价是温婉沉静、追求完美，对王辉霞的评价是朴实无华、饱满芬芳。读了马老师的叙事，我的评价是：坚毅持重、愈挫愈勇。

马老师在知天命之年与死神擦肩而过，开启拔节生长的学习之旅，谓之坚毅；主动承担学校和新网师诸项任务并高质量完成，谓之持重；学习初期，屡次遭遇打击，反而"绝境"反弹，最终超越自卑，走上主动学习、深度学习之路，谓之愈挫愈勇。

马老师当时选修了我的课，他说："第一次，我感觉到自己的自卑。真实的结果就是这个样子，自己和优秀学员的差距太大了。我开始正视学习上的短板，同时暗下决心，既然自己是抱着学习的目的选择了新网师，就一定要坚持走下去，决不言弃。今后唯有加强学习，多读多领悟，才能迎难而上，变被动为主动，争取好成绩。借在潍坊看孙子的机会，我和同为教师的儿子学习了思维导图的知识，争取下次作业中思维导图做得尽量规范些。""我劝告自己，再咬牙坚持一下，困难总会克服的。俗话说得好，只要思想不滑坡，办法总比困难多。我希望在新网师这个大家庭里，既能收获知识，也能收获快乐。我暗暗告诫自己，一定要努力，努力，再努力，坚持，坚持，再坚持。"

那些害怕困难、逃避困难的人，那些一遇到打击就自卑而退缩回安全窝的人，哪里知道，英雄的诞生就是不断过关打怪的过程，就是经历磨难的过程！拒绝了困难，也就拒绝了生命的裂变。

（四）

当然，年轻人有年轻的优势，不必努力就享受到时代带来的福利：能站在更多大师的肩膀上，有物质资源更好的青春时光，能阅读到更多经典作品，能接触到更多高人。与上一代人相比，少了在贫乏时代许多不必要的精力和体力的浪费，也可能比马老师更早地领悟到这一切。当然，仅仅是有可能性。

我相信，马老师的叙事就如一束光，一定会投射并点燃一部分人。而有的人，也许是宿命，生命还未达到顶峰，就丧失了可能性，用余生来不断重复过去。

一个人生命的高度永远是他能挣脱出世界的局限有多远。大概率地，那些被马老师照亮的年轻人，在思想、知识、学术上会比马老师走得更远，但马老师永远是新网师耸立的精神榜样。

生命不是比较，而是相互启发！

像苏霍姆林斯基
一样做校长

杨百凌校长的 2019 年度生命叙事详写了一年中个人学习及团队践行新教育实验的过程，略写了工作、生活以及其他方面的学习，更侧重于年度学习叙事（新教育学习叙事）。出于工作角色、阅读对象等各方面综合考虑，撰写生命叙事时，对选材有所选择，也是常见的、可以理解的实际情况。

许多教师的"自我镜像"是雷夫，许多校长的"自我镜像"是苏霍姆林斯基。窥一斑而知全豹，从这份厚重而充满诗意的生命叙事中，可知她正努力做一名苏霍姆林斯基式的校长。苏霍姆林斯基式的校长的特征是什么？我认为除了充满对教育的炽热情怀、对工作的高度责任心、对知识的无限热爱，最重要的就是读书，读书，再读书。要把读书当作第一精神需要，当作饥饿者的食物。要有读书的兴趣，要喜欢博览群书，要能在书本面前坐下来，深入地思考。

现实中，许多校长更像一个管家，忙于协调、应酬等事务性工作而无暇学习。即使学，也是碎片化学习、被动式学习。还有少部分原本就不爱学习，或者不具备学习能力。杨校长在新网师选修课程啃读专业书籍，参加共读营深度学习经典书籍，组织教师开展共同体学习，甚至亲自授课，是在主动学习、系统学习、实践性学习。

从学校发展来说，校长学什么比爱学习更重要。常有这样的事例：校长喜欢学书法，学校就成了书法特色学校；校长热爱篮球，学校就成了篮球特色学校。校长的爱好会成为学校的特色，这虽在情理当中，但也需要思考。如果校长喜欢的方面受重视，不喜欢的方面被忽视，就很难做到苏霍姆林斯基倡导的全人教育，实现人的全面发展。

难能可贵的是，杨百凌校长在致力于学生全面发展的基础上，尤其重视阅读。小学阶段，让孩子热爱阅读、大量阅读、学会阅读，是核心素养培养中的重中之重，对孩子的一生发展有奠基性、根本性和关键性作用。杨校长的阅读带动了教师和学生的阅读："成立了六个读书社：悦品兰陵读写社、悦品墨竹读写社、悦品清梅读写社、悦品新竹读写社、悦品雅荷读写社、悦品馨菊读写社。六个读书社，由校长、副校长、教导主任、骨干教师作为引领者、领读者，把语文、数学等各学科老师都分化在各读写社，榜样引领，底线保证。启动教师及新父母读写群，重磅打造了悦品读写汇——教师的精神家园，缔结了悦纳包容的教育共同体，建设了一间'悦品汇'读写社吧，以营造浓郁良好的阅读氛围。""不断深入推进'营造书香校园''师生共写随笔'行动，开展师生共读、亲子共读、全校教职工共读，读书工程持续推进。"

1. 杨百凌校长是一名专家型校长。

苏霍姆林斯基说："如果你想成为一个好的校长，你就要努力首先成为一个好的教育家：不仅对自己班上所教的那些儿童，而且对于社会、人民、家长所委托给你的全校学生，都是一个好的教师、教学论专家和教育者。如果你占着一个校长的职位，认为只要自己有一些什么特殊的行政工作能力就可以取得成功，那你还是放弃想当一个好校长的念头吧。""校长只有成为教师的教师，你才能成为真正的领导者，受到人们的信任和爱戴。而要成为教师的教师，你就要一天比一天深入地钻到教学和教育过程的细节和微妙之处去，那时候，人们称之为塑造人的灵魂的艺术的东西，才会在你面前一点一点地展开新的境界。"

在我的理解中，按照校长的风格大体可分为管理型校长和专家型校长（当然，更多的是二者的糅合型）。管理型校长擅长争取资源，搭建平台，选用人才，犹如马云创建阿里巴巴；专家型校长擅长研发课程、研讨课堂、研究教学，犹如乔布斯打造苹果公司。马云打造一流平台，乔布斯创造一流产品，都是顶尖成功者，两类校长也都能取得成功。在现实中，管理型校长居多，专家型校长偏少。2019 年，杨百凌校长无论多忙，都没有放弃在新网师的专业研究，除了选修李镇西老师的"教育写作"和我的"静悄悄的革命"两门课程，全年研读了 20 多本教育书籍，书写约 10 万字的教育文章。特别是我讲的课程专业性强，难度大，对于工作繁忙的一线校长来说，不啻是一种挑战。

苏霍姆林斯基非常重视课堂教学，他说："课——这是教学和教育过程的主要阵地，教师在课堂上每天实施着对学生的教养、教育和使学生全面发展。课的质量高低不仅决定知识的巩固性和深度，而且决定能否培养起学生的科学唯物主义世界观和共产主义信念、对知识和科学的热爱、对人类所创造的精神财富的尊重。""对一个有经验的校长来说，他的注意和关心的中心就是课。经验证明，听课和分析课是校长的一项极为重要的工作。"

课堂教学是杨校长研究的重中之重。她的研究不是脱离实践的纯理论探讨，而是朝向解决实际问题；不是独自摸索，而是与老师们构筑学习共同体并肩共学。为了构筑理想课堂，掌握教学框架，她将佐藤学的教学理念与新教育实验理念融会贯通，亲自上"校长示范课"，以此促进老师们打开教室，彼此听课。学校老师有感而发："她亲自进班上课，声明自己是在做一个抛砖引玉之人。杨校长一片丹心，日月可鉴；一片苦心，让三小教师佩服。"

2. 杨百凌校长是一名高效型校长。

读完叙事，可能会疑问：她的时间从哪里来？她是如何从繁琐的事务性工作中摆脱出来的？她是如何协调工作、生活与学习的？我想，杨校长除了个人的勤奋与好学，一定有她的独特的管理之道。我曾到她的学校做报告，就感受到了她的领导能力：抓大放小，善于授权，调动下属……

有许多校长苦于"忙碌而低效"——每天疲于应付日常事务性工作，工作时间不够，甚至到自己生活时间里"借"，压缩睡眠、休息、学习、陪伴家人的时间。长期发展，会变成恶性循环，越来越忙，导致工作中原本重要的事情，会越来越没有时间去做。如何走出这种"忙碌而低效"的恶性循环？秘诀是抓住"关键的少数"，不要面面俱到，平均用力。把非关键性的事务让学校中的其他领导来做，这样，既让自己从琐事中摆脱出来，又锻炼培养了干部队伍。腾出来的时间，就可用在两个方面：一是个人学习，提升认知促进效率；二是培养和发展团队。时间的本质是资源的分配，高效型校长要善于对事情分类处理：在完成"重要而紧急的事"的前提下（如参加会议，迎接检查），尽量不做"既不紧急又不重要的事"，少做"紧急而不重要"的事（接待来访、接听电话等），多做"重要而不紧急"的事，比如队伍建设、制度建设、课程建设、个人学习与健身等。

大概率地，我们终身都无法抵达苏霍姆林斯基的高度和影响力。但这不重要，重要的是朝向哪里，"做正确的事"比"把事做正确"更重要。

学校的根本任务是立德树人，为什么要把立德放在首位？苏霍姆林斯基指出："在一个全面发展的、活生生的、有血有肉的人身上，体现出力量、能力、热情和需要的完满与和谐，教育者在这种和谐里看到这样一些方面，诸如道德的、思想的、公民的、智力的、创造的、劳动的、审美的、情绪的、身体的完善等。在这个和谐里起决定作用的、主导的成分是道德。"

要成为苏霍姆林斯基式的校长，关键是有教育家的视野和洞见，从教书上升到教育，从考分提升到育人，以终为始，从培养适应未来社会人才的角度、从学生终身发展的角度规划当下的教育教学。这就需要保持对一些大问题的持续思考，避免日常工作的碎片化、割裂化和短视化。

这些大问题如：影响人一生幸福的核心素养有哪些？中小学阶段应该为孩子一生的幸福发展哪些关键能力？要发展学生的关键能力需要怎样的课程系统？开发这样的课程系统，需要培养怎样的教师？教师成长的路径是什么？

期待聆听杨百凌校长更精彩的故事！

出走半生，
归来仍是少年

何刚老师的 2019 年度生命叙事之所以打动我，首先源于文字中传递的真诚和勇气。

什么是真诚？真诚就是能坦露真实的自己，不刻意过滤，不过度修饰，既为自己的勤勉、奋斗、觉醒和荣光自豪，也不刻意回避曾经的倦怠、困惑、迷惘，甚至失败。

为什么要强调真诚？不是为了打动读者，而是为了成长自我。无痛彻，不成长。正是有外在"异物"的刺激，时间才不断凝结而成生命中的珍珠。

真诚是需要勇气的。以笔为剑，划开自己。

何刚老师的叙事呈现了自我迷惘的心路历程："渐渐地，奖状积有一叠，高级职称握在手，从一名合格的小学教师成为一所学校的教导主任，工作也从教学外延到学校招生、教学管理、学校安全、写宣传稿、四处开会……忙着忙着，十几年过去了，心里却丢失了心安，被忐忑与恐惧填满。"

其实，在校园小天地里，成绩优秀，工作驾轻就熟，领导重用，本来是许多人羡慕的成功者，为什么还"不安""忐忑""恐惧"？

在何刚老师的叙事中，我搜寻出了可能的答案：在成功主义、享乐主义、养生主义的裹挟下，于琐事中匍匐着身子，在庸常中丢失了灵魂；今天重复昨天，明天重复从前，生命锈迹斑斑。

按照怀特海的"浪漫—精确—综合"三阶段发展规律，理想的教师职业生涯，可大致划分为三个阶段：丰富的浪漫期；探究教育教学原理的精确期；把知识内化达到自觉运用，形成自我风格的综合期。

何刚老师工作生涯的前十几年经历了一个丰富的浪漫期：阅读的丰富、工作的丰富和生活的丰富。

他说："疯狂买书，李镇西老师的书单，新教育的书单，《教师阅读地图》中的书单……一千余本陆续藏进我书柜。我不断地听课，于永正、王崧舟、孙双金、程翔、郭初阳、余映潮、王开东……让我看到了最美好的课堂，心里暗暗发誓要成为他们的样子。"

何老师阅读的数量和种类之丰富，令我羡慕。仅仅他厚重的阅读单，就超越了许多教师一辈子职业生涯的全部阅读量。这将为后期的突破积淀厚实的基础。

但也可看出，他的阅读单种类单一，且大部分是流行性畅销书，缺乏经典书籍，缺乏根本书籍。教师长久停留在此层面，由于缺乏原理性、整体性理解，知识是碎片的，知识和生命、社会是割裂的，虽然能熟练应用各种教学套路、技巧，但往往是重复模仿，无法独立品尝知识的芬芳，无法真正领会探究知识的魅力，久而久之，不能在教育教学过程中直接获得意义感和成就感，就会"不安"，就会"忐忑"和"恐惧"。

背后深层的原因，被许多老师忽略：热衷于科学主义、技术主义，把优秀的教学降格为单纯的技术，忽视了心灵的自我认知和自我成长。帕克·帕尔默在《教学勇气》中一针见血地指出："真正好的教学不能降低到技术层面，真正好的教学来自教师的自身认同与完整。"许多教师，终其一生，职业生涯只停留在浪漫期。

当生命的意义和价值完全依赖于他人的评价和外在的标准时，就容易失去自我。别人能看见你外在的优秀，只有自己才知是否幸福。

不惑之年的何老师，一定也体会到了时光的流逝，岁月的匆匆。如何活出真实的自我，成了一个迫切的问题。带着这个很难有完美答案的终极问题，何刚老师回归新网师，开始重新规划当下的一切。

这就是向死而生。

在山东武城县实验中学举行的阅读与写作高研班上，我第一次了解到何刚老师，帅气又有才气的帅哥一枚。

我坐在下面，静静地听他讲述自己的故事，那么熟悉，不由想起了自己的过往。十年前的我，也经历了与何刚老师一样的心路历程，外在的繁华难掩内心的苍白，缺乏意义感的工作挡不住倦怠的袭来。与何老师一样幸运的是，遇到了新教育，在这里，开启了职业生涯第二阶段的精确期。

在精确期，跨过外在的技巧和方法，开始探究领悟教育教学的深层原理，不再是过去感性地泛泛阅读，而是研究性、主题性阅读，阅读的数量和质量比浪漫阶段明显上了一个台阶。

他写道："在新网师学习的159天，啃读了王荣生教授的《阅读教学设计的要诀》，延伸阅读了王荣生教授的《语文教学内容重构》和他主编的'参与式语文教师培训资源丛书'，如《散文教学教什么》《小说教学教什么》《文言文教学教什么》《实用文教学教什么》，扩展阅读了王君老师的《更美语文课》和《余映潮文言课文教学实录及点评》《余映潮中学语文古诗词教学实录及点评》，重读了干国祥老师的《理想课堂的三重境界》。""在新网师学习近半年，写日记159篇，共计14万多字，被置顶32次，获赞1698次；作业8次，过关作业1次，共13万多字。合计写了27万多字。"

魏智渊说："在另外一些重要时刻，你却感觉到了彻骨的疼痛、孤独，或者如闻天音的顿悟、豁亮。正是这些重要时刻，在一刀一刀地雕塑着你的生命。"

精确期的探索是一条参加庆典的犟龟之旅，能走下去并不容易；这是一段回归自我之旅，真正的困难不在外而是来自内心；这是一段将来回望会感到刻骨铭心的自我雕刻之旅；更是一段领悟天命，寻找自我，通往自我实现之旅。

为学日益，为道日损。衡量金子的成色，不在于分量，而在于纯度。精确期不仅意味着专业能力的提升，也意味着职业信仰的不断增强。为道，要做减法，不断剔除生命中芜杂的枝枝蔓蔓；为学，要做加法，围绕教育教学广博地汲取知识的养料。生命越有纯度，越能在专业领域精进；专业领域越精进，生命越有纯度。

教师将自我与学科、学生牢固地编织在一起，那么，教学就不再是简单模仿下的小技巧，而是"教师和学生共同围绕着伟大事物的魅力、强大的共同体所进行的一场旅程、一次探险、一次实践"（《教学勇气》）。

当然，这仅仅是开始。

出走半生，归来仍是少年。欣喜地看到何老师依然保持蓬勃旺盛的生命力，在新网师勇猛精进。他必将穿越精确期，抵达知识默会、大气磅礴、吸纳自如、有自我风格的综合期。要抵达综合期，不仅要在语文本体学科修炼，还需要跳出学科领域，到心理学、教育学、社会学、人类学乃至哲学等人文领域广泛遨游。

一切过往，皆为序章。耳畔不禁响起这首老歌：

> 穿过幽暗的岁月
>
> 也曾感到彷徨
>
> 当你低头的瞬间
>
> 才发觉脚下的路
>
> 心中那自由的世界
>
> 如此的清澈高远
>
> 盛开着永不凋零
>
> 蓝莲花
>
> ……

后　记
为教师成长赋能

　　这是一本针对教师成长而写的书。文章主要基于新教育教师成长理论，围绕职业认同和专业发展两个主题，突出了专业阅读、专业写作和专业交往。本书收录的文章分为两类：一类是我近几年发表在各种报刊的文章，一类是我在新网师写的部分"一周观察"。此次出版，依据认知、阅读、写作、反思、管理、榜样六大主题对文章大致分类，内容编排的逻辑性不是很强。

　　我在新教育实验负责新网师的日常工作，与许多一线教师保持密切联系和交流，对教师成长的主题可谓"朝思暮想"。从2020年开始在苏州大学攻读博士，致力于教师教育研究。源于以上两方面的原因，日积月累，形成了这些文章，得以有这本书的面世。

　　新网师是新教育实验下属专门负责教师职前培养和职后培训的机构，从2009年成立以来，累计有4万余名一线教师、校长参与学习。我也是从新网师中成长，受益于这个学习共同体，从普通学员到讲师，再到负责新网师的工作。十多年来，我的工作、学习与生活基本上围绕新网师，所以不少文章都是缘于新网师中的事和人而写。如果你对新网师感兴趣，可以在微信中搜索新网师的公众号。

　　按照怀特海的认知发展理论，我的专业写作也经历了一个"浪漫—精确—综合"三阶段发展历程。第一本书《给青年教师的四十封信》成于写作浪漫期，主要记录了我在海南五指山期间，运用新教育理论指导师范生实习支教的思考和故事。《改变教育的十二个关键词》成于写作精确期，主要记录了我在新网师担任讲师期间的研究与思考。这本书成于写作综合期，主要记录了我攻读博士以来，在进一步领会新教育教师成长理论后的新领会。

我曾在中小学工作十多年，深知一线教师的甘苦以及专业发展面临的复杂情况。我常年研究教师成长，对专业阅读、专业写作和专业交往是任何教师成长应该具备的关键要素深有体会。只是，每个教师在专业发展上面临的实际情况千差万别，非常复杂，没有哪种方法是可以"包治百病"的万全之策。教育又是一个高度依赖经验的职业，不论是阅读、写作还是交往，都需要与个体的教育实践融合，在读写中实践，在实践中读写，最终转化为教师的实践能力。

为了本书的出版，多位师长和朋友付出了心血。我的导师朱永新老师电话鼓励，支持将本书纳入"新教育实验文丛"。教育文学家傅东缨老师已经古稀之年，利用度假时间，认真通读全书，细致查阅资料，反复修改润色，撰写了精彩的序言，并电话交流，提出了宝贵的修改建议。傅老师严谨的治学精神，对教育的敏锐洞见，提携晚辈的热忱之心，让我特别感动感激。肖川教授、李镇西老师与褚清源兄热情应允在百忙之中写了推荐语。华东师范大学出版社大夏书系的卢风保老师，审阅全书，从出版的角度对书籍的内容、体例、格式等提出专业的建议，期间多次沟通交流，得以让这本书如愿以偿出版面市。妻子对我大力支持，操持家务，照顾孩子，让我有充足的时间写下这些文字。两个孩子也比较自觉与懂事，让我甚少操心。在此，深深感谢。

写完后记，已是除夕之夜，明天就是 2022 年的春节，正好以这本书作为一年的句号。希望未来，每年都能有一本书面世。也期望这本书能带给您一些启发。学问无止境，自己也还在研究中，有的见解不免有疏漏与不成熟之处，诚恳欢迎您批评、指正，您的每一点建议都是滋养成长的宝贵养料。

郝晓东